AF145121

Klaus Beurle   Johanna Falk   Zahir Durakovic

Brücken der Begegnung
Würzburg – Bosnien-Herzegowina

Informationen Reflexionen Entdeckungen
einer interreligiösen Reisegruppe

Klaus Beurle   Johanna Falk   Zahir Durakovic

Brücken der Begegnung
Würzburg
Bosnien-Herzegowina

Informationen Reflexionen Entdeckungen
einer interreligiösen Reisegruppe

Bibliografische Information der Deutschen Nationalbibliothek:
Die Deutsche Nationalbibliothek verzeichnet diese Publikation in der
Deutschen Nationalbibliografie; detaillierte bibliografische Daten sind im
Internet über http://dnb.dnb.de abrufbar

© 2016 Johanna Falk
Satz und Layout: Helmut Falk
2. Auflage 2016

Herstellung und Verlag
BoD-Books on Demand, Norderstedt

ISBN: 978-3-7412-0904-8

Inhalt

Brücken der Begegnung bauen

„Die Brücke ist zum Symbol geworden. Sie verbindet und fügt zusammen, sie überbrückt Hindernisse und stiftet Gemeinschaft. – Die Brücke ist zum Zeichen eines Lebens geworden, das offen ist für Menschen und auch für Abenteuer." Werner Milstein schreibt dies in seinem Büchlein „Über Brücken gehen". Worte, Gebete und Begegnungen können Brücken in eine friedliche Zukunft bauen.

Einen Brückenschlag über Unterschiede hinweg, zwischen Religionen und Kulturen hat das Ökumenische Nagelkreuzzentrum im Jahr 2013/14 in Würzburg gewagt.

Seit 2001 gibt es diese Versöhnungsinitiative in Würzburg, die vom Internationalen Versöhnungszentrum an der Kathedrale von Coventry in England ausgeht, das weltweit an 200 Erinnerungs- und Konfliktorten Projekte für Versöhnung bearbeitet. Das von Coventry verliehene Wandernagelkreuz wird jährlich an Kirchen, Institutionen und Einrichtungen der Stadt Würzburg und im Umkreis weitergegeben. Es steht als Zeichen dafür, dass die Menschen dort bereit sind, ein Jahr lang die Themen Versöhnung und Frieden in den Mittelpunkt ihrer Arbeit zu stellen.

2013/2014 kamen das Wandernagelkreuz und eine kleine Versöhnungsstatue, die zwei sich umarmende Menschen darstellt, in den multikulturellen Würzburger Stadtteil Zellerau. Die hier lebende bosnisch-muslimische Moscheegemeinde kannte damals kaum jemand.

Um dies zu ändern und ein Zeichen des Miteinanders zu setzen, gab die Nagelkreuzinitiative die Versöhnungsstatue an die Moscheegemeinde. Veranstaltungen und Begegnungen folgten, die zudem vom „Lokalen Aktionsplan Würzburg" unter dem Motto: „Toleranz fördern – Kompetenz stärken" finanziell unterstützt wurden. Die bosnischen Muslime mit Imam Zahir Durakovic als Mitinitiator der gemeinsamen Projekte freuten sich darüber, in die Würzburger Versöhnungsarbeit einbezogen zu werden.

Die Arbeitsgruppe um Pfarrer Dr. Klaus Beurle, der sich im interreligiösen Dialog in Würzburg engagiert, Imam Zahir Durakovic und Johanna Falk vom Nagelkreuzzentrum Würzburg wuchs immer mehr zusammen. Der Wunsch, die Heimat des Imam, der selbst Flüchtling im Bosnienkrieg 1992 bis 1995 war, kennenzulernen führte dazu, dass im April 2014 eine 16-köpfige interreligiöse Reisegruppe nach Sarajevo aufbrach. Aus den Eindrücken dieser Reise heraus und aus der Vor- und Nachgeschichte in Würzburg entstand das vorliegende Buch. Interessierten an Begegnung, gelebter Europäischer Nachbarschaft, interreligiösem Dialog und an der Geschichte von Bosnien-Herzegowina wird es in Informationen, Reflexionen und Aktionen viele Eindrücke bieten.

Im Bundesprojekt „Demokratie leben" begann 2016 ein neuer, gemeinsamer Brückenbau.

„Muslime und Christen leben Demokratie" heißt das Projekt zum Lernen und Handeln in Würzburg. Sie begegnen sich in Freiheit und Wertschätzung mit immer neuen Ideen und Veranstaltungen. Das Internationale

Versöhnungszentrum in Coventry nennt das: „An einer Kultur des Friedens arbeiten". Das ist nicht leicht in Zeiten, in denen Fremdenhass, Terror und Krieg die Menschen auseinander treiben.

Dieses Buch will ermutigen trotzdem aufeinander zuzugehen und als Christen und Muslime Brücken der Begegnung und Versöhnung über Gräben hinweg zu bauen. Wir sind uns dessen bewusst, dass dies eine bleibende Aufgabe sein wird in Deutschland und weltweit, um Frieden zu ermöglichen.

Seit dem 17. Oktober 2010 findet sich auf dem Boden des Wilhelm-Schwinn-Platzes vor der Evang.-Luth. Dekanatskirche St. Stephan in Würzburg eine Mosaiktafel mit den fünf Worten: „Religionen in Würzburg für Versöhnung". Unser Zellerauer Projekt beweist, dass diese Worte mit Leben gefüllt werden können.

Möge Gott den Menschen guten Willens helfen, dass Hass und Gewalt nicht das letzte Wort haben, damit die Liebe siegt und unsere Kinder auf einem lebenswerten Planeten ihre Zukunft in aller Vielfalt gestalten können.

Klaus Beurle   Johanna Falk   Zahir Durakovic

Werner Vollmuth

Einleitende Gedanken eines Pfarrers

Als neuer katholischer Pfarrer im Stadtteil Zellerau, das war im März 2009, fand ich endlich einmal Gelegenheit nachzufragen, warum der Moscheeweg diesen Namen trägt, da es doch weit und breit keine Moschee gibt. Ich hatte vorher bei Besuchen im Kloster Himmelspforten schon das Straßenschild gelesen und konnte mir keinen Reim darauf machen. Es gab wahrlich keine Moschee. Früher einmal gab es dort das im Volksmund so genannte Gut „Moschee", weil ein Gebäude wohl an eine Moschee erinnerte.

Es war an einem 3. Oktober, noch im Jahr 2009 oder 2010. Die Zeitungen hatten geschrieben vom „Tag der offenen Moschee". Unter den offenen Moscheen war die bosnisch-muslimische Moschee in der Zellerau genannt mit genauer Ortsangabe. Also machte ich mich auf den Weg und suchte die offene Moschee. Ich umkreiste sogar das Gebäude, aber ich fand kein Schild, geschweige denn den Zugang.

Dann kam im Jahr 2013 das Nagelkreuz in unseren Stadtteil und auf einmal öffneten sich die Türen und die Herzen füreinander. Mit dem Nagelkreuz kam auch die Chance, die Versöhnungsstatue in unseren Stadtteil zu holen, um auf diesem Weg auch mit nichtchristlichen Glaubensgemeinschaften einen Weg der Versöhnung und des Miteinanders zu gehen. Es passte sehr gut in das, was uns als katholische Pfarreiengemeinschaft Heiligkreuz/St. Elisabeth gerade in diesem Jahr bewegte. Wir hatten als Jahresthema gewählt „Im Miteinander Füreinander". So sahen wir es als unseren Auftrag an, nicht nur an unsere eigenen Gemeinden zu denken, sondern an alle, die mit uns im schönen Stadtteil Zellerau wohnen und denen wir da und dort bei Einkäufen oder bei anderen Gelegenheit begegnen. In Imam Zahir Durakovic fanden wir einen Partner, der offen dafür war, ein Stück mehr aufeinander zu zugehen und dabei Begegnungsfelder zu erschließen, wie wir einander besser kennenlernen könnten. Ängste entstehen ja oft dadurch, dass Menschen einander fremd sind und fremd bleiben. Wo Menschen sich kennenlernen und als Nachbarn wahrnehmen, da wächst auch ein Miteinander und gegenseitiges Vertrauen.

In der gleichen Zeit ging von der Grundschule die Initiative aus, zu Beginn und am Ende des Schuljahres gemeinsame Schulfeiern mit Besinnung und Gebetselementen in der Kirche Heiligkreuz zu organisieren. Mit Vertretern der evangelischen Gemeinde Deutschhaus/Erlöser und der bosnisch-muslimischen Gemeinde konnten wir diese Feiern gestalten.

Gut, dass nach dem gemeinsamen Jahr mit dem Wandernagelkreuz und der Versöhnungsstatue das Miteinander nicht einfach versandete. Einige Interessierte, auch außerhalb unserer Gemeinde und unseres Stadtteils scharten sich um Pfarrer Klaus Beurle, Zahir Durakovic und um Johanna Falk vom Würzburger Nagelkreuzzentrum. Sie fuhren im April 2014 zusammen nach Bosnien, um die Lage vor Ort zu erleben und kennen zu lernen. Ihr Bericht über die Reise und ihre Erfahrungen hielten die

Erinnerung an die gemeinsamen Wege im Stadtteil lebendig.

Die neue Initiative, das Miteinander im Jahr 2016 zu beleben und zu vertiefen, kann uns nur guttun. Schließlich liegt es ja im Interesse aller, die Lebensqualität weiter zu pflegen und da kommt es auf das gute Miteinander vieler Gruppen und Kreise an, jenseits religiöser und nationaler Grenzen.

Dieses Miteinander spiegelt sich besonders in den Sozialeinrichtungen, die wir als katholische Gemeinde im Stadtteil betreiben. Es ist uns ein großes Anliegen, sowohl in den Kindergärten als auch im Hort und im neuen Jugendzentrum „JUZ" Raum zu schaffen für alle jungen Menschen, gleich welcher Nationalität, Hautfarbe und Religion. Alle sollen die nötige Förderung und Begleitung erfahren können, die sie brauchen, um ihr Leben gut zu gestalten. Das ist Ausdruck dessen, wozu wir uns als Christen gesandt wissen.

Auch wenn in diesen Tagen und Monaten uns vor allem das Schicksal der Flüchtenden aus Syrien und vielen anderen Teilen der Welt bewegt und herausfordert, ist es doch gut und wichtig, dass wir darüber das Miteinander der schon länger hier zusammenlebenden Menschen weiter im Blick haben und entsprechend fördern. Dazu wird wohl auch dieses vorliegende Buch ein guter und hilfreicher Beitrag sein können.

Das wünsche ich mir und uns jedenfalls von ganzem Herzen.

Teil I

In der Zellerau fing es an

Zahir Durakovic

Meine Flucht nach Deutschland 1992

Flüchtling: Jedes Mal, wenn ich dieses Wort höre, läuft es mir eiskalt den Rücken hinunter, denn immer wieder aufs Neue kommen alle Erinnerungen an meine Flucht hoch. All jene, die auf einen schweren, leidvollen und ungewissen Weg in das Unbekannte hinwiesen.

Beginn April 1992: Die Veränderungen begannen schleichend. In mein Heimatdorf Sasevce kamen die ersten Flüchtlinge aus dem Osten Bosniens. Sie berichteten wie Granaten ihre Dörfer zerstört hatten. Frauen und Kinder waren von ihren Ehemännern und Vätern getrennt und danach vertrieben worden.

Juli 1992: Nun ergriffen auch die Bewohner der benachbarten Dörfer und Städte wie z.B. Visegrad, Žepa, Sokolac, Kute, Babine die Flucht. Auch diese Ortschaften waren mit Granaten angegriffen worden. Auch hier hatte man die Männer abgeführt. Die Geflüchteten, die von dem Schicksal bereits angegriffener Städte gehört hatten, hatten alle Angst. Wir teilten mit ihnen unsere Häuser.

Mitte August 1992: Nach wie vor bearbeiteten wir fleißig unser Land. Zur gleichen Zeit sahen wir die Dörfer Miletine und Meljine, die Luftlinie nur zehn Kilometer entfernt waren, brennen. Entgegen aller Vorzeichen vertrauten wir unseren serbischen Nachbarn. Wir waren überzeugt, dass uns nichts Schlimmes widerfahre. Trotzdem begannen wir unsere Frauen und Kinder in Sicherheit zu

15

bringen. Mehrere Busse machten sich auf den Weg in das sichere bosnisch-muslimische Territorium nach Olovo, welches 27 km entfernt lag.

16. August 1992: Um zehn Uhr fielen die ersten Granaten aus Knezina. Mit dem bloßen Auge konnte man die drei Panzer auf einer Wiese erkennen. Die heftige Bombardierung ging ununterbrochen bis tief in die Nacht hinein. Nun brannten auch die ersten Häuser. Wir mussten uns unserem Schicksal beugen. Es war Zeit zu gehen.

17.-18. August 1992: Am frühen Abend flüchteten wir in die umliegenden Wälder bis nach Klis (ca. 8 km entfernt). Wir hofften inständig die Bombardierungen würden aufhören. Zu unserem Entsetzen wurden sie aber immer schlimmer. Ein letztes Mal warf ich einen Blick auf mein brennendes Dorf. Diesen Anblick werde ich nie vergessen. Die Nacht vom 17. auf den 18. August schliefen wir im Wald.

19. August 1992: Wir hatten nun begriffen, dass es nur noch um unser nacktes Überleben ging. Auf welchem Weg konnten wir am sichersten auf bosnisch-muslimisches Gebiet gelangen? Zuerst ging es nach Liske, dem Heimatdorf meiner Frau. Dort verweilten wir zwei Tage. Als wir dort von den Serben entdeckt wurden, begannen erneut Granaten zu fallen. Somit stand fest, die Flucht könne nur nachts stattfinden. In den nächsten zwei Nächten machten sich zwei Gruppen mit jeweils 400 bzw. 700 Personen zu einem 30 km langen Fußmarsch ins sichere Kladanj auf. Um 20 Uhr liefen wir los und erreichten unser Ziel gegen fünf Uhr morgens. Da wir viele alte und kranke Menschen dabei hatten, kamen wir nur langsam voran. Als die erste Gruppe an einem Bergüberhang von serbischen Truppen angegriffen wurde und es viele Verletzte gab, beschlossen wir uns in kleinere Gruppen aufzuteilen. Wir hofften somit unentdeckt zu bleiben.

25. August 1992: In Kladanj versuchten die Flüchtlinge bei Bekannten, Verwandten aber auch Fremden Unterkunft zu finden und ihre bereits geflüchteten Familienmitglieder ausfindig zu machen. Als Imam war ich von der Wehrpflicht ausgenommen, im Gegensatz zu den übrigen männlichen Flüchtlingen. Deshalb machte ich mich zunächst auf die Suche nach meiner geliebten Frau.

Bis November 1992: Bei Familienmitgliedern meiner Ehefrau in Kamensko konnten wir von Ende August bis November Unterschlupf finden. Als Imam im Zivildienst, zog ich von Dorf zu Dorf; von Kamensko über Solun bis nach Olovo. Dabei verteilte ich Nahrungsmittel und beerdigte die Toten und Gefallenen. Keiner dieser Orte war mehr sicher. Immer wieder fielen Granaten. Jeden Tag stieg die Zahl der zivilen Toten.

In der Zwischenzeit waren meine Geschwister nach Deutschland geflohen. Als einziger meiner Familie war ich noch in Bosnien verblieben. Ich war ratlos, welchen Schritt ich als nächstes unternehmen sollte. Die Sehnsucht nach meinen Geschwistern und die aussichtslose Lage trieben mich dazu, meine Heimat zu verlassen. Es sollte nur vorübergehend sein, bis sich die Lage in Bosnien beruhigt hätte und wir wieder alle neu beginnen

17

könnten. Nach einigen Tagen hatten wir die benötigten Dokumente beisammen (Erlaubnis der Polizei, Befreiung der bosnischen Armee, Erlaubnis der kroatischen Armee und die Pässe).

Anfang November 1992: Wir machten uns auf den Weg zum Grenzübergang Posusje. Dort wurden wir von kroatischen Soldaten abgefangen und für sieben Tage festgenommen. Es war verboten, die Grenze nach Kroatien zu überqueren. Viele Flüchtlinge hatten sich bereits in der Umgebung angesammelt. Sie waren in Schulen und Sporthallen untergekommen. Dort mussten sie auf dem nackten Boden schlafen, teilweise auch ohne Decke. Zu essen gab es Konserven und Trockennahrung. Die Menschen trauten sich nicht auf die Straße, da es immer wieder zu Provokationen durch die kroatische Polizei kam. Nur nach Bezahlung von Schmiergeld brachte uns ein Taxi über die Grenze. Mit dem Bus schafften wir es schließlich zur deutschen Botschaft in Zagreb. Dort standen wir zwei Tage und eine Nacht in der Warteschlange. Die Wetterbedingungen waren katastrophal. Es regnete oder schneite und es blies ein kalter Wind. Noch schlimmer zu ertragen waren aber die Schikanen der kroatischen Polizei, die eigentlich für Ruhe und Ordnung sorgen sollte. Sie beleidigten uns und fluchten. Warum würden wir unser Land verlassen und es nicht verteidigen? Ob wir etwa erwarteten, dass dies jemand anders für uns täte? Nie durften wir die Warteschlange verlassen. Auch nicht ganz kurz. Wer dies doch tat, musste sich wieder hinten anstellen.

Unsere Hoffnung auf eine Ausreise zerplatzte. Meiner

Frau und mir wurde ein Visum verweigert. Auch nach mehreren Tagen stand unser Name nicht auf der Liste. Unsere Reisepässe waren auch verschwunden. Auf der Suche nach einer Unterkunft in Zagreb traf ich durch Zufall meinen alten Professor aus der Schule für Imame in Sarajevo. Er nahm mich und meine Frau mit in seine Zweizimmerwohnung, die bereits weitere sieben Flüchtlinge beherbergte. Er versuchte uns in einer Flüchtlingsaufnahmeeinrichtung unterzubringen, aber diese waren alle überfüllt. In der Umgebung von Zagreb herrschten schlimmere Zustände als in Bosnien. Die Granaten fielen ununterbrochen und es brannte lichterloh. Eine Wohnung in Zagreb zu finden war vergeblich. Es gab also nur zwei Möglichkeiten für uns. Entweder es gelang uns nach Deutschland zu reisen oder wir mussten zurück nach Bosnien-Herzegowina. Wir hatten aber Glück. Ein Nachbar aus meinem Heimatdorf hatte unsere Reisepässe mit Visa erhalten und brachte sie uns in die Wohnung meines Professors. Nun konnten wir endlich den Bus nach Frankfurt besteigen.

6. Dezember 1992: Nach ca. zwölf Stunden Fahrt erreichten wir Frankfurt a.M. Wir waren in Sicherheit. Meine Schwester nahm uns auf, obwohl in ihrer Dreizimmerwohnung bereits dreizehn Personen untergekommen waren.

Februar 1993: Als in Würzburg ein Imam für die bosnische Gemeinde gesucht wurde, bewarb ich mich auf diese Stelle. In den nächsten Jahren verlieh man mir einen asylantenähnlichen Aufenthaltstitel. 1998 erhielt ich mit meiner Frau unbefristeten Aufenthalt. Auch heute bin ich noch als Imam ehrenamtlich tätig. In Würzburg habe ich mit meiner kleinen Familie eine neue Heimat gefunden. Meine Heimat, nach der ich mich aber immer sehnen werde, ist mein geliebtes Bosnien.

Karin Knorr

Bosno moja divna mila
Erinnerungen an Bosnien vor und nach dem Krieg

Meine Liebe zu Bosnien begann mit der Liebe zu einem
Bosanac (Bosnier) aus einem kleinen Dorf bei Brcko.
Damals, 1984 war Bosnien noch eine Teilrepublik Jugo-
slawiens. Wer von dort kam, war ein Bosanac, egal welcher Ethnie. Man fühlte sich zugehörig zu seiner Heimat
Bosnien, vergaß aber auch zu dieser Zeit schon nicht, zu
welcher Ethnie man gehörte; also Kroate, Serbe oder
Moslem zu sein. Es spielte jedoch im Zusammenleben
keine Rolle.
Der Weg nach Bosnien war vor 30 Jahren noch be-
schwerlich. Es gab keinen Karawankentunnel; der Weg
führte über den Ljubeljpass, auf holprigen Straßen
durch Slowenien, durch Zagreb und dann erst auf den
Autoput.
Bosnien war schon damals europäisch ausgerichtet und
doch war für mich vieles anders, als ich es von Deutschland gewohnt war. Bei meinem ersten Aufenthalt wurde
ich herzlich aufgenommen. Aha, eine Schwabica! Mein
Einwand, ich käme doch nicht aus Schwaben, entsprang
einem Missverständnis. Man bezeichnete alle Deutschen
als Schwaben.
Ich war in einem kroatischen Dorf angekommen. Es er-
schloss sich mir erst allmählich, dass die Dörfer konfes-
sionell getrennt waren. Kroaten, Serben, Muslime lebten
in jeweils eigenen Dörfern. Man blieb unter sich. In der

21

Stadt Brcko war dies anders. Hier konnte man nicht erkennen, wer welche Volks- bzw. Religionszugehörigkeit hatte. Frauen mit Kopftüchern waren kaum zu sehen. In den muslimischen Dörfern trugen die Frauen lange Mäntel, die Morgenmänteln ähnlich sahen.

Die vielen Reisen nach Boderiste blieben mir als Erinnerung. Eine Makadamstraße mit vielen Schlaglöchern führte ins Dorf. Die Ruhe nachts und die fehlende Beleuchtung waren für mich ungewohnt. Nur die Grillen zirpten. Im Sommer hielten wir uns fast nur im Freien auf. Es gab sogar eine Sommerküche in einem kleinen Schuppen. Jederzeit kamen Besucher aus der Nachbarschaft. Zu einem bosnischen Kaffee hatte man immer Zeit. Meinen Wunsch ab und zu alleine zu sein, konnte man nicht verstehen. Bereits zum Frühstück gesellten sich Nachbarn oder Freunde hinzu. Die Tür stand immer offen. Ich merkte bald, dass das Leben hier lockerer genommen wurde. Kam der Postbote, blieb er selbstverständlich auf einen selbstgebrannten Rakija. Die Briefe konnten warten.

Der Sommer war die Zeit für Hochzeiten. Es wurden Zelte aufgebaut und drei Tage gefeiert. Mehrstimmige Gesänge der Männer erklangen. Auch mein Freund baute später ein Zelt auf. Die Braut aber war eine andere. Unsere Liebe war vorbei. Meine Liebe zu Bosnien aber blieb.

Als die ersten Kriegshandlungen in Bosnien im Mai 1993 begannen, konnte ich es nicht begreifen. Dieses kleine sympathische Land, in dem die Menschen doch bis jetzt friedlich zusammengelebt hatten. Dann erinnerte ich mich an Begebenheiten, die ich bis dato nicht so wichtig genommen hatte. Der Besuch Zagrebs mit meinem Freund, das er mir voller Stolz gezeigt hatte. Die Bilder mit der kroatischen Flagge dort. Unser Besuch in Sarajevo, wo er mir den Besuch der Moschee verwehrte. War also unterschwellig schon immer ein gewisser Nationalismus vorhanden, der nun an die Oberfläche kam und ganz bewusst benutzt wurde, um eine Feindschaft zwischen den Ethnien hervorzubringen? Wie konnte man glauben, Bosnien aufteilen zu können, wenn neben dem muslimischen Dorf das kroatische lag und danach das serbische kam. Wohin sollten die Familien mit gemischten Ethnien? Völlig unverständlich war mir dann das Waffenembargo, welches vor allem die bosnischen Muslime betraf, da die Serben sich die Waffen der jugoslawischen Armee angeeignet hatten. Man verwehrte denen, die schutzlos waren, die Möglichkeit sich zu bewaffnen und zu verteidigen. War man sich auf politischer Ebene eventuell schon einig gewesen, Bosnien aufzuteilen und sowohl Kroatien als auch Serbien zu zuschlagen?

In Würzburg lernte ich eine vertriebene bosnische Familie kennen. Ich sollte sie in den nächsten Jahren begleiten. Das hieß unterstützen und dolmetschen bei sämtlichen Amtsgängen; Hilfe bei der Arbeitsplatzsuche; Ansprechpartner zu sein, bei jedweden Problemen, die sich ohne Sprachkenntnisse nicht bewältigen ließen. Zugleich zog aber auch das Kriegsgeschehen bei mir ein. Verfolgung, die Angst um Angehörige, die Ungewissheit über die Zukunft, schlimmste Kriegshandlungen, der Tod, dies alles machte auch mir zu schaffen. Ich fühlte mich hilflos. Ich konnte nur zuhören und versuchen, ihnen wenigstens das Leben hier zu erleichtern.

Im November 1995 wurde der Krieg endlich durch das Dayton–Abkommen beendet. Eine positive Zukunft ließ es leider nicht zu. Vor allem die Schaffung einer serbischen Republik innerhalb des Staatengebildes verhindert bis heute, dass das Land wieder zu einer Einheit wird.

1996, im August machte ich mich mit einem vollbepackten VW-Bus, der mit seinem Inhalt als Spende für eine Schule in Kljuc gedacht war, auf den Weg in ein anderes Bosnien, als das, welches ich kannte. Kljuc ist eine Kleinstadt mit ca. 20 000 Einwohnern und liegt in der moslemisch-kroatischen Föderation. Meine bekannte bosnische Familie, die von dort stammt, war auch mit einem Kleinbus dabei. 1100 km lagen vor uns. Ausgestattet mit Papieren von Merhamet, einer humanitären Organisation, kamen wir bis zur bosnischen Grenze. Zoll-und Autobahngebühren waren trotz Spendenaktion in Slowenien und Österreich zu zahlen. An der bosnischen Grenze ging es dann nicht mehr weiter. Es war bereits Abend und alles in Dunkelheit gehüllt. Es fehlte mir ein Papier zur Einreise, das von Merhamet nicht gesendet werden konnte, da es keinen Strom an der Grenze gab. Deshalb musste ich den vollbepackten Bus stehen lassen. Am nächsten Tag bei Tageslicht, sah ich auf der erneuten Fahrt von der Grenze nach Kljuc, das ganze Ausmaß der Zerstörung. Nicht ein Haus entlang der 150 km langen Strecke befand sich in einem bewohnbaren Zustand. Alle Häuser waren geplündert worden in der Hoffnung, die Bewohner würden nie mehr zurückkehren.

Vor allem die Moscheen waren dem Erdboden gleichgemacht worden. Nichts sollte mehr an die muslimischen Einwohner erinnern.

Während meines Aufenthaltes wohnte ich in dem kleinen Dorf Zgon, welches bei Kljuc liegt. Von seinen ehemals 600 Einwohnern war eine Handvoll bereits zurückgekehrt. Auf einem Rundgang durch den Ort schaute ich ungläubig in leere Fensterhöhlen restlos geplünderter Häuser. Es war nicht nur die ganze persönliche Habe entwendet worden, sondern alles Verwertbare wie Fenster, Türen, Steckdosen, Fußbodenbeläge war ausgebaut. Krieg ist wahrlich ein schmutziges Geschäft. Wenn ich den anderen zum Feind erkläre, dann sind alle menschlichen Regeln aufgehoben. Viele Serben haben während des Krieges gute Gewinne gemacht. Zu meinem Erstaunen stand die orthodoxe Kirche unversehrt in Kljuc. Man wollte nicht gleiches mit gleichem vergelten. Auch habe ich nie, nach all dem Leid, das bosnische Muslime erfahren hatten, ein Wort der Rache gehört. Im Gegenteil, man erklärte mir, man habe nichts gegen die Rückkehr von Serben, wenn sie nicht an Verbrechen beteiligt waren.

Meine nächste Bosnienreise führte mich ein halbes Jahr später nach Tuzla. Hier wollte ich Melissa besuchen. Ich hatte sie und ihre Mutter während des Krieges finanziell unterstützt. Die Organisation „Freundschaftsbrücke" machte dies möglich. Um 15.30 Uhr nahm ich in Nürnberg den Bus nach Tuzla. Die Grenze von Kroatien nach Bosnien war nur mit einer Fähre über die Save passierbar.

Um 11.30 Uhr am nächsten Tag kam ich in der Stadt an. Die Mutter Jasminka Ademovic erzählte mir wie sie den Kriegsalltag erlebt hatte. Die ärztliche Versorgung war nicht mehr kostenlos. Bei Behandlung im Krankenhaus musste man zu Beginn 50 DM vorlegen. Die Stadt war im Krieg dauerndem Granatenbeschuss ausgesetzt. Es gab kein Wasser und Strom nur stundenweise. Geheizt und gekocht wurde mit Holz. Die Preise für Versorgungsgüter waren heftig angestiegen; ein Liter Öl 40 DM, ein kg Mehl 22 DM, ein Liter Milch 29 DM, ein kg Kaffee 110 DM, ein Päckchen Zigaretten 10 DM. Obst gab es keines. Sie selbst erhielt 25 kg Mehl monatlich von einer Hilfsorganisation. Ihr Lohn betrug 85 DM monatlich, wurde aber nicht immer ausgezahlt. Auf einem Denkmal für gefallene Soldaten las ich auch den Namen von Melissas Vater. Er war am 7.8.1992 um 17.30 bei Kämpfen ums Leben gekommen. Ein Sehit – ein Märtyrer, so steht es auf allen Stelen für männliche muslimische Soldaten, die bei Kriegshandlungen umgekommen waren.

Als der Krieg in Bosnien beendet war, mussten meine bosnischen Freunde zurück in die alte Heimat. Es gab viele Tränen beim Abschied. Es war ein Aufbruch in eine ungewisse Zukunft, wohl wissend, dass das Leben von früher nicht mehr zurückkäme. Damals war es einfach die Menschen wieder zurückzuschicken. Die bosnischen Flüchtlinge waren in Deutschland nur geduldet. Dass sie sich vielfach ohne Probleme integriert hatten und die meisten sich ihren Lebensunterhalt selbst verdienten, war kein Argument zum Bleiben. Obwohl mehrheitlich

Muslime, beunruhigte dies die deutsche Öffentlichkeit nicht. Niemand fühlte sich bedroht von einer fremden Religion oder Kultur. Viele Bosnier wären eine Bereicherung für Deutschland gewesen, so aber ließen wir diese Chance ungenutzt. Die Kinder sprachen deutsch akzentfrei, sie waren in Fußballvereinen und hatten deutsche Freunde. Dies alles mussten sie zurücklassen. Die Hoffnungen und Wünsche auf eine gute Zukunft erfüllten sich nicht. Die wirtschaftliche Lage ließ keinen Fortschritt zu. Nichts ging und geht voran. Die Korruption blüht. Selbst wenn die Jugendlichen eine gute Ausbildung absolvieren, bekommen sie keinen Arbeitsplatz. Wer kann, verlässt Bosnien.

Die Welt ließ dieses geschundene Land nach dem Ende des Krieges weitestgehend alleine. Mit dem Abkommen von Dayton war der Krieg zwar beendet, die Feindseligkeiten zwischen den Ethnien aber nicht über Nacht verschwunden.

Wie ist die Lage heute? Bosnien leistet sich eine Vielzahl von Politikern, die sich vor allem erst einmal selbst bereichern. Die ethnische Durchmischung des Landes wurde aufgehoben. Es entstanden vor allem mehrheitlich dominierte Siedlungsgebiete. Man misstraut sich. Wer durchs Land fährt, sieht die vielen Ruinen und leerstehenden Häuser, die man kaufen kann. Ein Großteil der Bevölkerung ist nicht mehr in ihr Heimatdorf zurückgekehrt. Viele Bosnier leben heute im Ausland. Die Arbeitslosigkeit im Lande ist enorm. Ausländische Firmen investieren nicht, auf Grund der fragilen politischen Lage. Der Islam tritt heute deutlicher in Erscheinung. Vor allem junge Frauen tragen ein Kopftuch nach türkischer oder arabischer Sitte. In etlichen Dörfern Bosniens hat sich der Salafismus ungestört ausgebreitet.

Und doch besteht die Hoffnung, die junge Generation möge einen Weg für eine gemeinsame Zukunft finden. Nur dann hat dieses Land wieder eine Chance, wenn alle Einwohner Bosniens sich zuerst als Bosnier/in sehen und nicht als Kroate, Serbe oder Moslem. Gemeinsam sich für ihre Heimat einzusetzen ist die einzige Möglichkeit für den Erhalt dieses kleinen, vergessenen Landes. Wünschen wir ihm dies von Herzen.

Anmerkung:

Ich schreibe hier immer von Bosnien, gemeint ist aber selbstverständlich Bosnien-Herzegowina.

Die Überschrift „Bosno moja divna mila" stammt von einem Sevdalinka (bosnisches Liebeslied); sinngemäß übersetzt bedeutet es „Mein wunderschönes, geliebtes Bosnien".

Johanna Falk

Anfänge einer Freundschaft im Würzburger Stadtteil Zellerau

Erste Schritte zueinander

Im Herbst 2012 traf ich mich mit Pfarrer Gerhard Zellfelder von der Evang.-Luth. Deutschhausgemeinde, weil er sich für das Wandernagelkreuz interessierte. Bei Tee und guten Gesprächen wurde sehr bald klar, dass die Zellerau und das dazugehörige Mainviertel drei Röm. Kath. Kirchen hatte und das Kloster Himmelspforten. Außerdem war da noch die geschlossene evangelische Erlöserkirche mit einer lebendigen Gemeinde. Wir bemerkten die Größe des Stadtteils mit einem neuen Jugendzentrum, mehreren Schulen sowie einer Zuwanderungsgruppe von Sintis, die schon lange hier lebten.

Das Nagelkreuz konnte nicht nur in der altehrwürdigen Deutschhauskirche bleiben, es musste während des Versöhnungsjahres vom 16. März 2013 bis 16. März 2014 seine Botschaft ökumenisch weitergeben. Es musste wandern, darüber waren wir uns einig. Das nächste Gespräch fand im größeren ökumenischen Kreis statt.

Pfarrer Werner Vollmuth von der Kath. Pfarreiengemeinschaft Heiligkreuz/St. Elisabeth wies darauf hin, dass es im Stadtteil auch eine Moschee gab, die aber eher ein verborgenes Dasein führte. Das interessierte mich und ließ mir keine Ruhe. Wie wäre es, wenn die Versöhnungsstatue, ein Geschenk aus Coventry, der Bosnischen Moscheegemeinde übergeben würde? Das Nagelkreuz als christliches Zeichen kam nicht in Frage. Bei diesem Gedanken stockte mir der Atem. Noch nie wurde eine Versöhnungsstatue in eine Moschee gegeben.

Die Versöhnungsstatue von Coventry

Sie ist ein Geschenk des Internationalen Versöhnungszentrums in Coventry (England) an die Ökumenische Nagelkreuzinitiative Würzburg.

Weil Versöhnung und Frieden alle Religionen angehen, sollten die Kirchen das Wandernagelkreuz erhalten, die Bosnische Moscheegemeinde die tragbare Statue. Da nach den Kriegsjahren von 1992 bis 1995 in Bosnien gerechter Friede und Versöhnung zwischen den Ethnien und Religionen noch weitgehend ausstehen, wäre sie ein echtes Friedenszeichen von Menschen guten Willens.

Beide, Nagelkreuz und Versöhnungsstatue sind Herausforderung und Verpflichtung zugleich, im Stadtteil und darüber hinaus für ein friedliches Miteinander zu beten, zu arbeiten und die Heilung offener Wunden zu unterstützen.

Das lebensgroße Original der Bronzestatue „Versöhnung" ist im Besucherbereich der Kathedrale von Coventry zu finden. Weitere Kopien stehen im Friedensgarten von Hiroshima in Erinnerung an den Atombombenabwurf 1945, vor dem nordirischen Parlament in Stormont und am ehemaligen Mauerverlauf an der Bernauerstraße in Berlin. Die Geschichte dieser Orte fordert heraus, unser Zusammenleben immer wieder neu zu bedenken.

Die Statue zeigt, dass die Aufarbeitung von Erinnerungen und die Suche nach Wahrheit auf Augenhöhe wichtig sind. Nur so können Versöhnung und Neuanfang wachsen.

Schritte zum Miteinander

Bei einem Treffen im Würzburger Rathaus mit Vertretern des Interreligiösen Dialogs ging ich auf Imam Zahir Durakovic zu. Ich erzählte ihm vom Anliegen der Versöhnungsarbeit in Würzburg und fragte frei heraus, ob er sich vorstellen könnte, die Versöhnungsstatue ein Jahr in seiner Moschee zu beherbergen und mit uns den Versöhnungsgedanken im multikulturellen Stadtteil Zellerau zu verbreiten.

Ohne Zögern war seine Antwort: Ja!

Ein neues Kapitel im Miteinander war aufgeschlagen. Es folgten Treffen in der Moschee und im Arbeitskreis der

Nagelkreuzinitiative, wo man eher vorsichtig das „Neuland" betrachtete. Für den neuen Weg war ich mir sicher: Seit 2001 besuchte ich den Interreligiösen Gesprächskreis. Die Ökumenische Nagelkreuzinitiative hatte in den Boden des „Denkmals der Versöhnung am Wilhelm-Schwinn-Platz mit Juden, Christen, Muslimen und Bahai die Mosaiktafel mit der Schrift. „Religionen in Würzburg für Versöhnung" eingelegt.

Diese Tatsachen stärkten mir den Rücken und so begann die Planungsarbeit für die Übergabe der Versöhnungsstatue am 16. März 2013 auf dem Vorplatz der Kirche Heiligkreuz.

Der kalte Vorfrühlingstag des 16. März brachte einige Überraschungen: Imam Durakovic nahm auf dem Vorplatz die Statue entgegen und ging festen Schrittes mit in die Kirche, wo das Nagelkreuz übergeben wurde. Am

Ambo sang er spontan für die festliche Gemeinde eine Friedenssure aus dem Koran und lud zum Teetrinken am Nachmittag in die Moschee ein.

Viele folgten der Einladung und unser Motto für das Versöhnungsjahr klang bereits durch: „Im Füreinander Miteinander" Versöhnung über die Grenzen der Religionen hinweg.

Johanna Falk

Christen und Muslime begegnen sich im Versöhnungsjahr 2013/14 in der Zellerau

Mit drei Abenden zum Thema: „Brücken der Versöhnung in der Zellerau" kamen sich die Menschen im Stadtteil näher.

1. Erzähl mir deine Geschichte

Über das Erzählen der eigenen Lebensgeschichte erfuhren wir viel aus dem Leben von Imam Durakovic. Der Bosnienkrieg, erst 20 Jahre her, war ganz nah.

Ebenso beeindruckend war die Geschichte von Frau Dorothea Heller, die die Bombardierung ihrer Heimatstadt Würzburg am 16. März 1945 erlebte und die der Sintizza Krimhilde Malinowski, die dem Tod im Konzentrationslager nur knapp entkommen war.

Alle drei Beispiele zeigten: „Nur wenn sich Menschen für ein friedliches Zusammenleben fernab aller Unterschiede einsetzen, gibt es eine hoffnungsvolle, gemeinsame Zukunft auf dieser Erde. Es geht darum, Erinnerung zu bewahren und Versöhnung in unseren Tagen wirklich zu leben." (Eberhard Schellenberger Redaktionsleiter des Regionalstudios Mainfranken des Bayerischen Rundfunks in Würzburg).

2. Filme sind Brücken

Drei Filmabende haben wir im Vorbereitungsteam ausgewählt. Wir wollten damit unterschiedlichste Menschen ins neue Jugendzentrum in der Zellerau holen und waren glücklich, dass uns Herr Szabo, der Leiter des Jugendzentrums, seine Räume und die passende Technik zur Verfügung stellte.

Die Einladung mit dem Flyer ging im großen Stil in die Einrichtungen, Kirchen und Schulen der Zellerau. Pfarrer Dr. Beurle, der immer wieder in der Gemeinschaftsunterkunft tätig ist, wollte einigen Interessierten ebenso die Möglichkeit zu einem Besuch der Filme geben. So organisierte er drei Fahrer, die insgesamt 10 Personen zu jedem Filmabend mitnehmen konnten. Pünktlich warteten junge Männer vieler Nationen am vereinbarten Treffpunkt und freuten sich auf den Abend.

Zum ersten Filmtermin sahen wir „Invictus".

Im Mittelpunkt steht das Südafrika nach dem Ende der Apartheid. Nelson Mandela, der neue Präsident versucht, die getrennten Menschen zusammenzubringen. Am besten gelingt das im Sport, beim Rugby spielen.

Zum zweiten Termin zeigten wir einen Film aus Nigeria „Pastor und Imam".

Dass Versöhnung zwischen Feinden durch die Kraft der Vergebung gelingen kann, zeigen der Imam und der christliche Pfarrer. Sie verbinden sich zu einer interreligiösen Hilfsstelle vor Ort und können unter Einsatz ihres Lebens die von Zerstörung gedemütigten und verängstigten Menschen gewinnen.

Der dritte Film nahm uns nach Berlin mit, in einen Stadtteil, wo Jugendgruppierungen zugewanderter Muslime Unruhe stiften. Nach dem Einbruch in die Wohnung eines alten jüdischen Herrn bahnt sich die Freundschaft zwischen einem jungen Palästinenser und dem Juden an. „Kaddisch für einen Freund" zeigt, wie Menschen verschiedenster Herkunft einen Konflikt lösen und sogar Freunde werden können.

Jugendliche aus dem Jugendzentrum, die jungen Männer aus der Gemeinschaftsunterkunft, einige Ritaschwestern, Sintis, Zellerauer Anwohner und Muslime kamen anschließend ins Gespräch und genossen bei Getränken und Knabbereien das geschenkte Beisammensein. Ein junger Mann aus Afghanistan, der in meinem Auto bei der Rückfahrt zur Gemeinschaftsunterkunft saß, war begeistert. Wie schön wäre es, solche Filme öfter zu sehen und dann miteinander zu reden.

Wir merkten, unsere Filmidee war gut. Wieder entstanden neue Brücken in der Zellerau.

3. Die Wunde Europas

An einem weiteren Abend in der Zellerau hörten wir den Bericht einer Reise nach Sarajevo von Klaus Beurle. „Die Wunde Europas – Bosnien-Herzegowina, Erfahrungen einer Reise nach Sarajevo"–

Klaus Beurle schreibt:

„Bosnien ist mir auch in Deutschland nahe gekommen und zwar durch Begegnungen mit dem Imam der bosnischen Gemeinde in Würzburg Zellerau, Zahir Durakovic. Das Projekt Brücken der Versöhnung Zellerau vom 16.3.2013 bis 16.3.2014 hat mich sehr berührt. Da wurde dem Imam und mir bewusst, dass wir etwas für Bosnien tun sollten. Das Land ist nicht nur in den Medien vergessen. Das von der Nagelkreuzinitiative angestoßene Jahresprojekt unter dem Thema: Erinnerung bewahren – Versöhnung leben hat uns die Richtung gewiesen."

In all den Begegnungen und dem Austausch mit der Moscheegemeinde wuchs der Wunsch, in die Heimat von Imam Durakovic zu fahren, Christen und Muslime auf dem Weg nach Bosnien, nach Sarajevo, nach Srebrenica und Mostar, interreligiös und interkulturell.

Gemeinsam könnten wir versuchen im Sinne der Leitsätze von Coventry

–Wunden der Geschichte heilen

–Mit Unterschieden leben und Verschiedenheit feiern

–Mitwirken an einer Kultur des Friedens

von Würzburg aus einen Beitrag zu leisten. Im Nachhinein kann ich sagen, dass uns dies im Füreinander und Miteinander von Christen und Muslimen im Stadtteil Zellerau gelungen ist. Das auf die große Ebene umzusetzen kann nicht unsere Aufgabe sein, aber – Alles Große beginnt im Kleinen!

Brücken bauen

„Herr, gib mir Mut zum Brückenbauen,
gib mir den Mut zum ersten Schritt.
Lass mich auf deine Brücken trauen,
und wenn ich gehe, geh du mit.

Ich möchte gerne Brücken bauen,
wo alle tiefe Gräben sehn.
Ich möchte hinter Zäune schauen
und über hohe Mauern gehen.

Ich möchte gern dort Hände reichen,
wo jemand harte Fäuste ballt.
ich suche unablässig Zeichen
des Friedens zwischen Jung und Alt."

Text: Kurt Rommel 1963
Evang. Gesangbuch, Lied Nr. 646

Teil II

Bosnienreise 2014

Sarajevo 2014
Studien-, Begegnungs- und Versöhnungsreise
Eine Würzburger Initiative
5. – 13. April 2014

Reiseprogramm
Samstag, 5. April

Abreise um 6.00 Uhr von der bosnischen Moschee (Hof), 6.10 Uhr vom Parkplatz der Post (Bismarckstr.)
Unterkunft: Hotel Saraj, Nevjestina 5, 71000 Sarajevo, Tel: 387 33 237-810
Abends: Zimmerbelegung und Erstorientierung

Sonntag, 6. April

Teilnahmeangebot: Kath. Gottesdienst 6.00 oder 10.30 Uhr in der Kathedrale, Möglichkeit zu Gottesdienstbesuchen anderer Konfessionen
9.00 Uhr: Dr. Dzevada Susko, Bosnische Geschichte

und Gegenwart, persönliche Einsichten. Eine Einführung
Vortrag, Gespräch, Begegnungen in Sarajevo
18.00 Uhr: Prof. Dr. Vedad Smailagic, Zur Geschichte, Kulturen und Religionen in Bosnien – Persönliche Reflexionen –
Abendliche Besinnungsrunde: Tageseindrücke und Reflexionen. Protokoll im Turnus

Montag, 7. April
9.00 Uhr: Prof. Dr. Mato Zovkic: Das Wort Gottes in Christentum und Islam als Brücke interreligiöser Verständigung?
14.00 Uhr: Dr. Munir Drkic, Sufis in Bosnia. Islam, Sufism and Celalduddin Rumi. Die mystische Dimension des Islams in Bosnien (englisch)

Dienstag, 8. April
9.00 Uhr: Dr. Dzevada Susko, Frauen in der bosnischen Gesellschaft
Anschließend Besichtigung der Nationalen Bibliothek
18.00 Uhr: P. Dr. Mile Babic OFM, Bosnien-Herzegowina - Im Schnittpunkt von Kulturen und Religionen -

Mittwoch, 9. April
Abreise um 8.00 Uhr: Mostar – Besinnung zwischen Tragödie und Neubeginn

Besuch der Thekke (sufistisches Kloster) bei Mostar (Moderation: Karin Knorr)

18.30 Uhr Interreligiöses Gebet

19.00 Uhr in Sarajevo: P. Drago Bojic OFM: Wege in die Zukunft – Gerechtigkeit, Versöhnung und interreligiöse Solidarität

Donnerstag, 10. April

10.00 Uhr, Kaptol 7: Die Rolle der Religionen im heutigen Bosnien. Begegnung mit Kardinal Puljic (Moderation: Prof. Dr. Mato Zovkic)

Besuch der Synagoge

Begegnung mit dem Stellvertreter des Großmufti

15.00 Uhr Forum ZFD: Aufgaben und Ziele ziviler Organisationen. Gespräch mit Michele Parente (Moderation Johanna Falk)

Freitag, 11. April

Abreise um 8.00 Uhr. Srebrenica – Zwischen tödlichem Hass und einem neuen Miteinander der ethnischen Volksgemeinschaften

(Moderation Johanna Falk und Imam Durakovic)

19.00 Uhr: Prof. Heike Link (DAAD): „Mama, warum feiern die Nachbarn kein Weihnachten?" – Erfahrungen einer deutschen Familie in Sarajevo

Samstag, 12. April

8.30 Uhr: Interreligiöses Gebet

9.00 Uhr Forumsgespräch mit Gastgebern:

Begegnungen mit Menschen in Bosnien: Geschichte und Gegenwart – Reaktionen aus der Reisegruppe

14.30 Uhr: Abschlussgespräch:

Wo steht Bosnien-Herzegowina heute? Aufbruch in eine gewaltfreie Zukunft? Solidarisches, plural–ethnisches Bosnien – unser Beitrag?
Nach der Reise – geht es in Würzburg weiter?

Sonntag, 13. April
6.00 Uhr: Rückreise

Johanna Falk

Tagesbericht, Freitag, 11. April 2014
Srebrenica – Zwischen tödlichem Hass und einem neuen Miteinander der ethnischen Volksgemeinschaften.

Wir fahren um 8.00 Uhr am Hotel Saraj ab. Der Himmel ist wolkenverhangen und ein kalter Wind weht von den Bergen her. Unser Ziel Srebrenica liegt etwa drei Autostunden von Sarajevo entfernt. Nach einer halben Stunde bergan verdichtet sich der Nebel. Die Straße und die Bäume sind mit Nassschnee bedeckt, es schneit. Die Autokolonne kommt nicht mehr weiter. Nach einer weiteren halben Stunde geht es im Schritttempo voran. Plötzlich fahren wir wieder in den Frühling.
Mit Verspätung gelangen wir zum Friedhof und Gedenkzentrum nach Potočari, wo ca. 8000 hauptsächlich muslimische Männer begraben liegen.
Seit dem Massaker von Srebrenica durch christliche bosnisch-serbische Paramilitärs in der Schutzzone der holländischen UNO-Blauhelme am 11. Juli 1995, nach den Vergewaltigungen der Frauen und der Zerstörung der muslimischen Siedlungen sind die Wunden offen. Unser Führer Hasan, damals 19 Jahre alt, hat überlebt und schildert vor den Grabsteinen mit Tausenden eingeschriebener Namen seine schrecklichen Erlebnisse. Bis heute kämpft er ums Überleben und ist tief von dem Trauma gezeichnet. Solange sich die damaligen Kriegsverbrecher in der Gesellschaft unbehelligt bewegen

können und der Völkermord an den Muslimen nicht aufgearbeitet wird, bleibt Bosnien ein Unruheherd.

Zu uns stoßen die Vorsitzende des Vereins „Mütter von Srebrenica" und eine Begleiterin. Hatidža Mehmedović ist 54 Jahre alt und hat die Massaker von Srebrenica überlebt. Sie hat 27 männliche Angehörige verloren, davon ihren Mann und vier Söhne. Im Verein kämpfen die überlebenden Frauen um ihre Rechte und appellieren an die Verantwortung der Weltgemeinschaft gegenüber den Verbrechen an ihrem Volk. 60% der noch verbliebenen Menschen in Srebrenica sind arbeitslos, fühlen sich von der Welt vergessen und leben immer noch in Angst vor den Serben.

Als Zeichen der Solidarität und des Mitgefühls überreiche ich die Kollekte aus den 10 Tagen der Ökumenischen Friedensdekade 2013 in Würzburg, mit dem Thema „solidarisch?" an Frau Mehmedović. Sie betont, dass wichtiger als alle finanzielle Unterstützung unser Besuch sei. Erst wenn die verstreut in Massengräbern liegenden sterblichen Überreste der ermordeten Männer gefunden sind „finden wir Trost und können aufhören zu weinen".

Auf einem Gedenkstein ist in Bosnisch, Englisch und Arabisch folgendes Gebet eingemeißelt:

WE PRAY TO ALMIGHTY GOD,
MAY GRIEVANCE BECOME HOPE!
MAY REVENGE BECOME JUSTICE!
MAY MOTHER'S TEARS BECOME PRAYERS
THAT SREBRENICA NEVER HAPPENS AGAIN
TO NO ONE AND NOWHERE!

Unter freiem Himmel rezitiert Imam Durakovic eine Sure und Frau Knorr spricht ein Gebet. Das Vaterunser, dem sich die Christen der Gruppe anschließen, beendet unseren Besuch des Friedhofs. Mit Salam und Friede sei mit dir gehen wir in die Gedenkhalle, wo einst die Menschen eingepfercht ohne Nahrung und Hilfe ausharren mussten. Dort sehen wir einen Dokumentarfilm, der uns tief erschüttert.
Nachmittags um 15.00 Uhr verlassen wir die Gedenkstätte und fahren zurück nach Sarajevo. Auf dem Weg kehren wir in ein traditionelles bosnisches Lokal ein und sind rechtzeitig zum Vortrag von Prof. Heike Link zurück im Hotel.

20.00 Uhr: Prof. Dr. Heike Link (DAAD) erzählt von den Erfahrungen ihrer deutschen Familie in Sarajevo „Mama, warum feiern die Nachbarn kein Weihnachten?"

Frau Prof. Link lebt mit ihrem Mann und drei Kindern seit einigen Jahren in Sarajevo. Die Stadt war Liebe auf den ersten Blick. Der Alltag verläuft gelassener und ruhiger als in Deutschland. Es werden circa 70 Studenten/innen pro Semester in Germanistik immatrikuliert. Die deutsche Sprache ist sehr beliebt. Junge Leute sind von der politischen Situation frustriert. Viele möchten gerne in Deutschland studieren und arbeiten.

Als deutsche Familie in Sarajevo werden die deutschen Bräuche weitergeführt. Ostereier hängen am Busch, die Nachbarn bekommen kleine Weihnachtsgeschenke, auch wenn sie Muslime sind. Im deutschen Kindergarten lernen Kinder allerdings kaum die bosnische Sprache. Die Frage, warum vom Kirchturm kein Mann singt zeigt, wie aufmerksam Kinder die Rufe der Gebetsrufer auf den Minaretten verfolgen. In der Schule wird über die Feiertage im Judentum, Christentum und im Islam gesprochen. Das jüngste der drei Kinder ist acht Monate alt und in Deutschland geboren. Da es in Sarajevo keine Evangelisch-Lutherische Gemeinde gibt, wird der Mann einer Kollegin, ein Ev. Pfarrer, den Kleinen bei den Franziskanern taufen. Das Taufbecken wird selbst mitgebracht und ein Fest mit Freunden aus allen Religionen gefeiert.

Insgesamt ist Frau Link bei allen behördlichen Schwierigkeiten, die jede/r Zugereiste durchlaufen muss, begeistert von den Menschen und der Stadt Sarajevo.

In angeregten Gesprächen über das Leben der deutschen Familie in Sarajevo endet ein ereignisreicher Tag.

Klaus Beurle

Die Wunde Europas kann nicht vergessen werden

Als wir die Gedenkstätte Srebrenica-Potocari erreichten
und vor den großen Steintafeln standen, begannen wir,
die 8372 aufgelisteten Namen der Toten still zu lesen.
Wir konnten sie nicht zu Ende lesen– zu unbegreiflich
unfassbar ist die Gräueltat, heute noch.
Die Wunden des Massakers von Srebrenica und anderer
Orte vom Juli 1995 sind noch lange nicht verheilt. Angehörige der Opfer dieser Gräueltaten leiden nach zwei
Jahrzehnten immer noch unter den Folgen der ethnisch
motivierten Morde. Immer wieder werden neue Massen-
gräber gefunden und immer noch wird nach der Identität verstümmelter, zerstreuter Leichen gesucht.
Es handelt sich bei der Tragödie vom Juli 1995 um mehr
als um eine menschliche Tragödie. Das selbstbewusste
Europa, das dabei war, die Spuren des Zweiten Weltkriegs zu verwischen, schaute plötzlich in den tiefen Ab-
grund grausamer Unmenschlichkeit. Srebrenica war das
schwerste Kriegsverbrechen auf europäischem Boden seit
dem Zweiten Weltkrieg.
Das UN-Kriegstribunal in Den Haag hat vor kurzem
fünf ranghohe serbische Offiziere für schuldig erklärt.
Doch damit ist der Prozess zur Aufdeckung von Kriegsverbrechen noch lange nicht abgeschlossen. Das Urteil,
40 Jahre Haft, gegen den ehemaligen Serbenführer Ra-
dovan Karadzic wurde im März 2016 gesprochen.
Das Massaker stellt militärisch und moralisch eine Zäsur

dar. Westeuropäer lebten im Hochgefühl eines goldenen Friedenszeitalters, nachdem in Europa fünfzig Jahre nach Ende des Zweiten Weltkriegs und des Kalten Kriegs die Waffen geschwiegen hatten. Der Appell: „Nie wieder Krieg!" hatte den Europäern Ruhe und Sicherheit geschenkt. Doch sollte sich die Hochstimmung als Illusion erweisen. Die NATO-Angriffe auf Belgrad und auf den Kosovo (1999) sorgten für die Rückkehr von Bomben und Waffen nach Europa. Die Bundeswehr begann, über „humanitäre Kriegseinsätze" nachzudenken.

Zehn Jahre nach Srebrenica wurde von den UN die „Schutzverantwortung" der internationalen Gemeinschaft festgelegt. Der jeweilige Staat hat die Verantwortung, seine Bevölkerung gegen Völkermord und Kriegsverbrechen zu schützen. Kann oder will die Staatsführung dieser Verpflichtung nicht nachkommen, übernehmen die Vereinten Nationen die Schutzverantwortung.

Der Wille, im Namen der Menschlichkeit bedrohten Völkern zu Hilfe zukommen, wird durch machtpolitische Interessen und durch geopolitische Strategien fort und fort gebrochen. Es ist dies am Beginn des 21. Jahrhunderts eine bittere Erkenntnis. Die Frage ist ungelöst, wie bedrohte Völker wie derzeit in Syrien und Libyen, in der Ukraine oder im Irak wirksam beschützt und vor der Vernichtung bewahrt werden können, ohne militärische Interventionen als Lösung des Problems zu fordern.

Der Krieg um die Zukunft Ex-Jugoslawiens hat sich zeitlich und räumlich „ganz in unserer Nähe" abgespielt. Unter dem Eindruck des Massakers von Srebrenica hat sich unumgänglich die Frage nach der Mitverantwortung und Mitschuld Europas gestellt. Für die UN hatten die Niederländer die Schutzverantwortung der bedrohten bosnischen Bevölkerung übernommen. Herzegowina war am 11. Juli 1995 von serbischen Truppen unter Leitung von General Ratko Mladic überrannt worden. Die niederländische UN-Einheit Dutchbat hatte sich kampflos ergeben, sodass die serbische Armee in wenigen Tagen über 8000 bosnisch-muslimische Männer und Jungen ermorden konnte.

Vor 20 Jahren geschah es – „vor unserer Haustür." Die Ideologie des ethnischen Nationalismus hat durch unser eigenes Volk die größte Tragödie der Geschichte ausgelöst. Heute sind ethnischer Nationalismus und expansi-

ver Machtanspruch einzelner Völker wieder beängstigend auf dem Vormarsch.

Jedes Jahr am 11. Juli wird des Massakers von Srebrenica vielerorts gedacht. In bosnischen Moscheen finden Totengedenken statt, in den Gotteshäusern wird um den Frieden zwischen den Völkern gebetet. Heute wissen wir, dass nicht jeder Brandherd gelöscht werden kann. Bewaffnete humanitäre Einsätze zum Schutz von Volksgemeinschaften können geboten sein. Kriegsverbrechen und Völkermord dürfen in keinem Winkel der Erde hingenommen werden. Srebrenica kann nicht vergessen werden.

Imam Zahir Durakovic, Pfarrer Dr. Klaus Beurle

Bosnien-Erklärung der interreligiösen Würzburger
Reise- und Gesprächsgruppe
BOSNIEN – Europa, wo bist du?
Ein zerteiltes Land ringt um seine Zukunft

Eine 16-köpfige interreligiöse Gruppe aus Würzburg
führte nach einjähriger Vorbereitungszeit in der Zellerau
zusammen mit der Ökumenischen Nagelkreuz-Initiative
vom 5.-13. April 2014 eine Begegnungs-, Studien- und
Versöhnungsreise nach Bosnien-Herzegowina durch.
Ziel war es, Geschichte, Kulturen, Religionen und Gegenwartssituation des bosnischen Volkes verstehen zu lernen und über Wege bosnisch-deutscher Solidarität nachzudenken. In Sarajevo, dem Jerusalem Europas, hörten
wir Referate von Experten unterschiedlicher Fachgebiete,
führten vielseitige Gespräche und besuchten historische
Stätten. Von Sarajevo aus unternahmen wir je eine Tagesreise in die abgelegenen Dörfer der Romanija bis nach
Olovo, nach Mostar und nach Srebrenica.

1.Überall wurden wir von der einheimischen Bevölkerung freundlich begrüßt und herzlich aufgenommen. Von den malerisch schönen Landschaften des touristisch wenig erschlossenen Landes, von seinen Quellen
und Flüssen, von Schluchten und verschneiten Berghöhen waren wir sehr beeindruckt.

2. Von den Folgen und Spuren des zwanzig Jahre
zurückliegenden ethnischen Eroberungskriegs, von Rui-

nen, zerbombten Häusern, Granateinschlägen und Minenfeldern und nicht zuletzt von der großen Armut der ländlichen Bevölkerung waren wir zutiefst betroffen. Der Germanist Professor Dr. Vedad Smailagić schilderte die Hoffnungslosigkeit seiner Studenten: „Unsere wirtschaftliche Situation ist eine Katastrophe. Alles stagniert, so dass immer mehr junge Menschen unser Land verlassen." Die Sozialwissenschaftlerin Dr. Dževada Šuško erläuterte die sozial verheerenden Folgen der ethnischen Säuberungen.

3. Unsere Interessen galten dem Alltagsleben der Bosnier und Bosnierinnen, ihren Kulturen und besonders ihren Religionen: Welche Rolle haben die drei großen Religionen des Landes – Katholizismus, Orthodoxie und Islam – im Krieg gespielt? Welche Rolle spielen sie heute? Wir begegneten hochrangigen Vertretern der jüdischen, katholischen und islamischen Religionsgemeinschaften: dem Vorsitzenden der jüdischen Gemeinde, Jakob Finci, Vinko Kardinal Puljić und Mirsad Kalajdžić für den Reisu-l-ulema. Die Möglichkeit zu einem Austausch mit einem Vertreter der orthodoxen Religionsgemeinschaft ergab sich leider nicht.

Es wurde uns bewusst, wie verhängnisvoll es ist, wenn Religionen sich mit bestimmten ethnischen Volksgemeinschaften identifizieren und sich für ethnische Eigeninteressen instrumentalisieren lassen. Obwohl nach und nach auf allen Seiten Gewalt angewandt wurde, machte es uns nachdenklich, dass 85% der Kriegsopfer muslimische Bosniaken waren und an zahlreichen Orten sämtliche Moscheen dem Erdboden gleichgemacht wurden. Nach dem Krieg wurde zwar ein offizieller interreligiöser Rat der höchsten katholischen, orthodoxen und islamischen Religionsvertreter gegründet, dem es allerdings noch nicht gelungen ist, den Missbrauch der Religionen für nationalistische Interessen durch machthungrige Politiker zu verurteilen und zu unterbinden.

Mirsad Kalajdžić erläuterte uns, dass der bosnische Islam staatsunabhängig ist und der Reisu-l-ulema, der Großmufti, synodal gewählt wird, während uns P. Mile Babić OFM die geschichtlich bedeutende Rolle der bosnischen Franziskaner darlegte. Đermana Šeta vom Institut für islamisch-bosnische Tradition erklärte uns, weshalb die Emanzipation bosnischer Frauen der ursprünglichen islamischen Tradition folgend in Bosnien weit vorangeschritten ist.

4. Immer wieder brachten Referenten oder Menschen auf der Straße ihr größtes Anliegen zum Ausdruck: Ihr tiefster Wunsch ist es, dass die Wahrheit der Ereignisse der vergangenen zwanzig Jahre ans Licht komme. Solange die Wirklichkeit, wie sie war und wie sie heute ist, nicht wahrgenommen werde, könnten die immer noch tief klaffenden Wunden nicht heilen. Hatidža Mehmedović (54), die das Massaker in Srebrenica überlebt, aber alle männlichen Verwandten verloren hat, beteuerte uns an der Srebrenica-Gedenkstätte: „Erst wenn wir die Spuren, der in Massengräbern zerstreuten Gebeine aller unserer Toten gefunden haben, finden wir inneren Trost und hören auf zu weinen." Hasan, gleichfalls Kriegsüberlebender, war 19 Jahre alt, als der sog. Bosnien-Krieg 1995 endete. Er schilderte uns vor den Grabsteinen mit Tausen-

den eingeschriebener Namen seine schrecklichen Erfahrungen: „Ich kämpfte damals fort und fort weiter, um zu überleben – und ich kämpfe bis heute um mein Überleben. Es ist unfassbar, dass in Den Haag immer noch keine Urteile über die festgenommenen Kriegsverbrecher Karadžić und Mladić gefällt wurden und sich bei uns bekannte Kriegsverbrecher nach wie vor unbehelligt in unserer Gesellschaft bewegen. Solange wir uns als ein Volk unserer Geschichte nicht stellen, bleibt Bosnien-Herzegowina ein Unruheherd im Südosten Europas. Doch wir alle wollen nie wieder Krieg!"

5. Es wurde uns berichtet, dass auch Serben Muslime beschützt haben, wie früher Muslime Juden vor Partisanengruppen im 2. Weltkrieg in Schutz genommen haben. Viele Bosnier/innen sind nach wie vor bereit, unabhängig von ethnischen Ab- und Ausgrenzungen miteinander zu leben und füreinander da zu sein. Der Franziskaner Drago Bojić fordert daher die Überwindung von Parallelgesellschaften und das offene, auf die heutige Wirklichkeit bezogene Gespräch der Religionen. Zivile Organisationen und NGOs, Friedensorganisationen wie Pax Christi u.a., Künstler und Schriftsteller führen immer wieder Bosnier/innen aus allen ethnischen und religiösen Traditionen zusammen. Sie bauen an einem bosnischen Staat mit, in dem alle Menschen gleiche Rechte und gleiche Chancen haben. Michele Parente vom Forum Ziviler Friedensdienst erläuterte uns die Themen der Workshops, die beim *peace event* am kommenden Pfingstfest mit Tausenden von Teilnehmern/innen aus aller Welt erörtert werden.

6. Alle Gesprächspartner/innen machten uns klar, dass der Dayton-Vertrag von 1995 dringend einer Revision bedürfe. In Dayton wurde von europäischen Mächten, den Vereinten Nationen und den USA mit den Kriegsparteien ein Waffenstillstand vereinbart und dem zerteilten Staat gleichzeitig eine Verfassung vorgeschrieben. Die Festlegung ethnischer Grenzen als staatliches Ordnungsprinzip blockiert jedoch bis heute die gesamtstaatliche Entwicklung Bosnien-Herzegowinas. Dadurch wurde dem eigennützigen Machtspiel politischer Eliten Vorschub geleistet. Die Errichtung eines eigenen serbischen Teilstaats (Republika Srpska) und die Massenvertreibungen verhindern, einen pluralen, demokratisch funktionierenden Gesamtstaat mit gleichen Rechten und Chancen für alle Bürger/innen zu schaffen . Das Versagen und die Mitverantwortung der Europäer erlauben es uns nicht, menschlich, wirtschaftlich und politisch Bosnien-Herzegowina zu vergessen.

7. Wir haben uns daher entschlossen:

(1) Das vergessene Land Bosnien-Herzegowina ins Bewusstsein zu bringen:

2014:

in Erinnerung an den Beginn des Ersten Weltkriegs vor 100 Jahren,

2015:

in Erinnerung an das Ende des Bosnienkriegs 1995.

(2) Wir werden von Europa-Politikern fordern, sich verstärkt für Bosnien-Herzegowina zu engagieren, sich für eine Revision des Dayton-Abkommens einzusetzen und dem Land baldmöglichst eine EU-Beitrittsperspektive zu

eröffnen.

(3) Wir werden uns in Würzburg weiterhin für eine versöhnte Gesellschaft engagieren, in der Menschen verschiedener Traditionen lernen, sich gegenseitig zu respektieren, sich wechselseitig zu bereichern und sich gemeinsam gegen Gewalt und nationalistische Aktivitäten zur Wehr zu setzen.

(4) Wir wollen als Ausdruck unserer Solidarität eine bosnisch-deutsche Gesellschaft gründen.

(5) Wir laden demnächst ein:

zum „Gebet der Religionen" in der Würzburger Zellerau (voraussichtlich) im Juli 2014,

zu zweimonatlichen Filmaufführungen zum Thema Bosnien

zur Bosnischen Woche 2015:

Stationen der Erinnerung Geschichten der Versöhnung
(6) Die nächste Begegnungs-, Studien- und Versöhnungsreise ist für 2015 oder 2016 geplant

Beurle (fklausbe@yahoo.de), Karin Knorr, Johanna Falk, Ilija Dević, Michael Stolz

Klaus Beurle

Zellerauer Imam geht voran

In der Zellerau hat die Reise nach Sarajevo/ Bosnien-Herzegowina begonnen, in der Zellerau endete sie. Allen vorausgegangen ist Zahir Durakovic, Imam der bosnischen Moscheegemeinde in der Zellerau.

Die 16-köpfige ökumenisch-interreligiöse Gruppe hat nach einjähriger Vorbereitungszeit in der Zellerau zusammen mit der Ökumenischen Nagelkreuz-Initiative vom 5.-13. April 2014 eine Begegnungs-, Studien- und Versöhnungsreise nach Bosnien-Herzegowina durchgeführt. Ziel war es, Geschichte und Gegenwartssituation des bosnischen Volkes verstehen zu lernen und über Wege bosnisch-deutscher Solidarität nachzudenken. In Sarajevo, dem Jerusalem Europas, wurden wir ausführlich über Geschichte und Gegenwartssituation des bosnischen Volkes informiert. Wir fuhren von Sarajevo aus nach Mostar und Srebrenica und in die abgelegenen Dörfer der Romanija bis nach Olovo.

Wenige Wochen nach der Reise wurde das traumhaft schöne, touristisch wenig erschlossene Land von einer verheerenden Überschwemmung heimgesucht. Besonders stark betroffen ist die Gegend von Olovo, die Heimat des Zellerauer Imams. Die Reisegruppe hat am 17. Mai in der Zellerau eine Aktion zur „Soforthilfe für Bosnien" gestartet.

Im Anschluss an die Reise berichtete die Reisegruppe bei einer Podiumsdiskussion am 28. April in St.Elisabeth, von

Eberhard Schellenberger vom Bayerischen Rundfunk moderiert, vom Land und von den gastfreundlichen Bosnier/innen, die immer noch stark unter den Folgen des ethnischen Kriegs von 1991 – 1995 leiden. In einer gemeinsamen Bosnien-Erklärung brachte die Gruppe zum Ausdruck, dass sie das weithin vergessene Land ins Bewusstsein bringen will – in Erinnerung an den Beginn des Ersten Weltkriegs vor 100 Jahren, an die Beendigung des Krieges vor 20 Jahren und an den Völkermord in Srebrenica. Die Teilnehmer/innen wollen sich in Würzburg weiterhin für eine versöhnte Gesellschaft engagieren, in der Menschen verschiedener Kulturen und Religionen lernen, sich gegenseitig zu respektieren und sich gemeinsam gewalttätigen nationalistischen Bewegungen zu widersetzen. Am 3. Juli 2014 fanden im Vogel Convention Center (VCC) Gebete der Religionen statt, bei denen Gläubige aus verschiedenen Religionen, wie es auch in Bosnien geschieht, gemeinsam für den Frieden vor Ort und weltweit beteten.

Gebet der Vereinten Nationen

Herr, unsere Erde ist nur ein kleines Gestirn im großen
Weltall.
An uns liegt es, daraus einen Planeten zu machen,
dessen Geschöpfe nicht von Kriegen gepeinigt werden,
nicht von Hunger und Furcht gequält,
nicht zerrissen in sinnlose Trennung nach Rasse,
Hautfarbe oder Weltanschauung.
Gib uns den Mut und die Voraussicht,
schon heute mit diesem Werk zu beginnen,
damit unsere Kinder und Kindeskinder
einst mit Stolz den Namen Mensch tragen.
Amen

Es segne und behüte uns der allmächtige und barmherzige
Gott,
der Vater, der Sohn und der Heilige Geist. Amen

Teil III

Frauen
zwischen Kulturen und Religionen

Dževada Šuško

Frauen in Bosnien-Herzegowina
Zum 20-jährigen Gedenken an den Völkermord von
Srebrenica

Frauen in Bosnien-Herzegowina tragen nicht nur seit
dem Eroberungskrieg 1992-95 und Völkermord eine
schwere Bürde, sondern bereits viel früher. Ende des 19.
Jahrhunderts und Anfang des 20. Jahrhunderts, wie in
anderen Teilen der Welt, kämpften die Frauen in Bosnien-Herzegowina für Gleichberechtigung und Anerkennung in einer patriarchalischen Gesellschaft. Zudem
zerstörte der erste Weltkrieg (1914-1918) die Wirtschaft
und hinterließ Tausende von Witwen. Nach vierzigjähri-

ger österreichisch-ungarischer Herrschaft (1878-1918) entstand ein neuer Staat in Südosteuropa mit Hauptstadt Belgrad: das Königreich der Serben, Kroaten und Slowenen, welches auch Bosnien-Herzegowina einnahm. Ein neues politisches, wirtschaftliches und gesellschaftliches System wurde eingeführt, welches die multiethnische Identität Bosnien-Herzegowinas nicht vollends akzeptierte. Eine diskriminierende Nationalpolitik, eingeschränkte Religionsfreiheit, Arbeitslosigkeit und vor allem die Agrarreform ruinierten die muslimischen Bosniaken. Da viele Frauen verwitwet, ohne Ausbildung und Arbeitserfahrung auf sich selbst gestellt waren, wurden erste Frauenorganisationen gegründet, um Frauen auszubilden, sie über ihre Rechte zu informieren, ihren Status in der Gesellschaft zu verbessern und ihnen eine sichere Existenz zu ermöglichen. In der Zwischenkriegszeit entstanden alleine in Sarajevo bis zu 25 Frauenorganisationen, wie Osvitanje (Morgendämmerung). Frauenbeiräte in etablierten bosniakischen, kroatischen und serbischen Organisationen (Gajret, Napredak, Prosveta, Jugoslovenski ženski savez) wurden gegründet, zum Beispiel der Frauenbeirat von Gajret (Ženski pododbor Gajreta), muslimische Frauenorganisation in Mostar (Muslimanska Ženska zadruga), Die „Gute Tat" (Dobrotvor) in Stolac, Spas (Rettung) in Banja Luka usw. In den gängigen Medien erschienen Spendenaufrufe für die Organisationen. Mädchen- und Frauenschulen wurden eröffnet, die die Mädchen und Frauen in traditionellen, rollenspezifischen Berufen ausbildeten (nähen, schneidern, stricken, weben etc.). Geschäfte wurden eröffnet, in denen Frauen Ihre Ware verkaufen konnten. Da Bosnien-Herzegowina ein mehrheitlich muslimisches Land ist, in dem die Bildung zum Privileg der Männer wurde, die islamische Tradition eher von Männern interpretiert und die Position der Frauen in der Gesellschaft von Männern definiert wurde, ist der Kampf der Musliminen für das Recht auf Bildung ein Bestandteil der Positionierung der Frau im 20. Jahrhundert. Der Reformdenker und Oberhaupt der Islamischen Gemeinde, Mehmed Džemaludin Čaušević spielte eine wichtige Rolle. Er versuchte Gebräuche und Sitten von religiöser Vorschrift zu trennen und setzte sich für eine neue Interpretation der Rechte der Frau im Islam ein, für die Bildung von Mädchen und Frauen, für ihre stärkere Präsenz im öffentlichen Leben und auf dem Arbeitsmarkt. Seine Initiative trug in der Tat für eine bessere Positionierung der muslimischen Frau bei.

Anstelle einer Erholung nach den Erfahrungen des Ersten Weltkrieges, folgte der Zweite Weltkrieg, aus dem ein weiteres Jugoslawien (1945-1992) entstand, jetzt ein sozialistisches System, welches eine aggressive Säkularisierung und Atheisierung der Gesellschaft betrieb. Das brachte eine neue Bürde für religiöse Frauen mit sich. Da Religionsunterricht in Schulen abgeschafft und in Kirchen sowie Religionsgemeinschaften unterdrückt wurde, gaben Frauen in den eigenen vier Wänden religiöse Werte, den Glauben und die Tradition an die Kinder weiter. Eine neue, weit verbreitete und von der Kommunistischen Partei instruierte Frauenorganisation wurde gegründet. Die Antifaschistische Front der Frauen (AFŽ) sah den ungerechten Status der Frauen als ein Klassenproblem und führte das Wahlrecht, die Gleichberechtigung vor dem Gesetz, das Recht auf Arbeit und Erziehung ein. Die Implementierung verlief nicht ohne Widerstand, vor allem von Verfechtern traditioneller Geschlechterrollen. Der Druck auf Religionsgemeinschaften im Rahmen der sozialistischen Ideologie war so groß, dass zum Beispiel die religiöse Praxis des Kopftuchtragens bei muslimischen Frauen in der Öffentlichkeit fast verschwunden war. Erst in den 1990-er Jahren mit Einführung von Demokratie und Menschenrechten erlosch dieser Druck. Religion nimmt wieder einen Platz im öffentlichen Leben ein und fromme Musliminen wagen es erneut, das Kopftuch zu tragen. Doch bevor die Religionsfreiheit vollends ausgeübt werden konnte, traf die Frauen Bosnien-Herzegowina's ein neuer Krieg (1992-1995), ausgelöst durch die zentralistische und nationalistische Politik Serbiens, die die durch demokratische Volksentscheide erklärten Unabhängigkeiten Sloweniens, Kroatiens und Bosnien-Herzegowina's nicht akzeptieren wollte. Es folgte die Invasion der Jugoslawischen Volksarmee (JNA), die Bosnien-Herzegowina von Nichtserben säubern sollte. Das bedeutete Vernichtungs- und Vergewaltigungslager, Massenexekutionen, Vertreibung, Völkermord – und viel Leid!

Bosnien-Herzegowina befindet sich 20 Jahre seit dem Ende des Krieges immer noch in der Transition von Sozialismus zur Demokratie, von der Planwirtschaft zur Marktwirtschaft und vom Krieg zur Versöhnung und Friedensschaffung. Die Verfassung, die ein Bestandteil des Daytoner Friedensvertrages ist, weist viele Mängel auf und erschwert die Schaffung eines Rechts- und Sozialstaates. Korruption, Arbeitslosigkeit und ein mangelhaftes Gesundheitssystem sind schwerwiegende Probleme, die das Leben der Frau erschweren. Der Staat Bosnien-Herzegowina sorgt sich nicht ausreichend um die traumatisierten Vergewaltigungsopfer, alleinerziehenden Mütter, Zeugen des Völkermordes und Witwen. Die Erfahrung mit Tod, Leid und Verlust ist eine noch nicht verheilte Wunde. Das bezeugen viele Frauenorganisationen, wie zum Beispiel „Medica" in Zenica oder „Mütter aus Srebrenica".

Frauenorganisationen in der Zivilgesellschaft Bosnien-Herzegowina´s versuchen dem entgegenzuwirken. Die Qualität ihrer Arbeit hängt von einer stabilen Finanzierung, Expertise, Beziehung zu anderen Entscheidungsträgern ab. Schwerpunkte sind politische Partizipation, häusliche Gewalt, Stellung und Schutz der Frau im Arbeitsmarkt, geschlechtsunabhängige Gehälter. Doch Frauenorganisationen beschäftigen sich aber auch mit ethnischer Diskriminierung von Roma oder religiöser Diskriminierung kopftuchtragender Musliminen. Mit diesem Engagement haben Frauen deutlich dazu beigetragen, dass frauenspezifische Gesetze erlassen und Strategien für die Sensibilisierung der Frauenfrage und Gleichstellung der Geschlechter entwickelt wurden. Mit dem Demokratisierungsprozess entstand auch eine neue Form von Frauenorganisationen, die Religion als Ausgangsbasis sehen, von der Religion inspiriert sind, wie zum Beispiel Nahla.

Doch allen Frauenorganisationen in Bosnien-Herzegowina ist folgendes gemeinsam: (a) Friedensarbeit, wie
zum Beispiel die Frauen in Schwarz (Žene u crnom) aus
Belgrad, die an Gedenkfeiern in Srebrenica und anderen
Orten der Kriegsverbrechen teilnehmen; (b) Feminisie-
rung der Zivilgesellschaft, da Frauen eher in der Zivilgesellschaft ihren Beitrag leisten als beispielsweise in der
Politik. Das Problem dabei ist, dass das Engagement in
der Zivilgesellschaft weniger bezahlt und unsicherer ist;
(c) die Qualität der Arbeit hängt vom Wissen, der Expertise und von der Finanzierung ab. Daher laufen viele
Frauenorganisationen Gefahr, sich für Projekte zu be-
werben, die von Geldgebern ausgeschrieben werden, anstelle Projekten nachzugehen, die sie für viel wichtiger
halten. Geldgeber haben oft nicht genügend Kenntnis
von der wirklichen Lage und lokalen Umständen und
gehen eher einer individuellen westlich-liberalen Sicht-
weise nach.

Zusammenfassend sei gesagt, dass das letzte Jahrhundert
gekennzeichnet war von Krieg und verschiedenen
politischen und gesellschaftlichen Systemen. Ein integraler Bestandteil dieser Turbulenzen war der Kampf für die
Rechte der Frau. Die Emanzipation der Frau war ein
Thema in den breiten Gesellschaftsschichten, im bosniakisch-muslimischen Korpus, aber auch bei den Frauen
selbst. Vieles wurde erreicht mit Hilfe von mutigen
Frauen und Männern. Männer geben das oft nicht zu
und stehen nicht unbedingt in der ersten Reihe, was
Frauenrechte anbelangt, aber ohne die Unterstützung
der Partner, Ehemänner, Väter und Brüder, wäre kein

Fortschritt möglich gewesen. Bosnien-Herzegowina benötigt eine systematische Zusammenarbeit von Frauen und Männern, unabhängig von der ethnischen und religiösen Zugehörigkeit oder Weltanschauung.

Zerina Rizvic

Studieren in Bosnien-Herzegowina
reflektierende Erfahrungen

In Sarajevo zu studieren, seine immense kulturelle Vielfalt hautnah miterleben zu dürfen, habe ich immer als
Privileg gesehen. Es ist die Stadt, in der die älteste se-
phardische Haggada seit Jahrhunderten aufbewahrt
wird, in der 1914 Weltgeschichte geschrieben wurde; die
Stadt, in der die Überreste des Osmanischen Reiches
und Österreich-Ungarns an jeder Ecke anzutreffen sind
– architektonisch, sprachgeschichtlich, gesellschaftlich.
Im kleinen Jerusalem Europas, wie Sarajevo so oft genannt wird, befinden sich die katholische und die orthodoxe Kirche, die aschkenasische Synagoge und die älteste Moschee im Umkreis von einem halben Kilometer.
Zwei Gegenpole, Orient und Okzident, sowie die Über-
gänge zwischen denen, scheinen in Sarajevo ineinander-
zufließen.
Als Studentin mit bosnischen Wurzeln muss ich aber
auch immer an die Stereotype und Vorurteile denken,
die bedauerlicherweise stets mit der Kriegsgeschichte
Balkans zusammenhängen. Zu den extrem polarisierten
Themen in meinem Land gehören die Politik, die Spal-
tung des Landes seit dem Kriegsende durch den Dayton-Vertrag, oft gefühlsgeladene Spannungen zwischen
den drei Nationalitäten, innerstaatliche Konflikte,
schlechte wirtschaftliche Lage. Oft habe ich das Gefühl,
als würde uns die problematische Vergangenheit, wie ein

Gespenst, immer wieder einholen, wenn im Land Fortschritte gemacht werden. All das hat sich tief in das Bewusstsein der jüngeren Generationen eingeprägt, trotz der Tatsache, dass sie nach dem Kriegsende geboren wurden. Die Medien nehmen diesbezüglich eine wichtige Position ein; sie sind größtenteils Marionetten der herrschenden politischen Parteien. Sie manipulieren das kollektive Gedächtnis und verursachen dadurch nur weitere Spaltungen und Hindernisse. Die „bosnisch-kroatisch-serbische" Sprache ist besonders in letzter Zeit zum politischen Instrumentarium und zur Ausrede für jegliche Art des Nationalismus und ethnischer Segregation geworden. Demzufolge haben wir in vielen Städten immer noch die sogenannten „zwei Schulen unter einem Dach" oder zwei Universitäten, die für unterschiedliche ethnische Gruppen bestimmt sind.

Die Studenten sind oft mit schlechten Zukunftsaussichten konfrontiert; ihr akademisches und Berufsleben sowie ihre Profilierung auf dem Arbeitsmarkt werden durch äußere Einflüsse in vielerlei Hinsicht erschwert. Abgesehen von der Tatsache, dass die Bildung in meinem Land für die Mehrheit der jungen Menschen eine große finanzielle Belastung darstellt, weist das Bildungssystem in Bosnien viele Diskrepanzen auf, weswegen allein die Durchführung der Bildungsreform und Umsetzung der Bologna-Ziele mehrere Jahre in Anspruch genommen hat. Trotzdem sind die Studenten jene soziale Schicht, die sich für positive Änderungen und gesellschaftspolitischen Wandel einsetzt. Sie versuchen über die Konflikte hinwegzukommen und die notwendige

Verarbeitung der Kriegsgeschichte zu beschleunigen. Durch ihr Studium und soziales Engagement bauen sie Kontakte zwischen den verschiedenen Ethnien wieder auf und überwinden die für unüberwindbar gehaltenen ethnischen und religiösen Verschiedenheiten. Infolge der Neugründung privater (u.a. amerikanischer und türkischer) Universitäten entsteht im Land ein spezifisches internationales, kulturelles und interreligiöses Klima. Die Studenten, in Zusammenarbeit mit ihren Dozenten, zeigen Interesse an den aktuellen Ereignissen und versuchen, aktiv bei politischen Entscheidungen mitzuwirken oder zumindest ihre Unzufriedenheit durch verschiedene Protestformen zu äußern. Letztes Jahr, nachdem die Mitteilung kam, dass das Erasmusprogramm für den akademischen Austausch aufgrund der Unstimmigkeiten auf der Ebene der Entitäten in unserem Land nicht umgesetzt werden konnte, organisierten die Studierenden Versammlungen, fertigten Petitionen an und sammelten dadurch tausende Unterschriften. Sie zwangen die Abgeordneten, den ursprünglichen Beschluss für nichtig zu erklären. Nach den katastrophalen Überflutungen im Frühling 2014 beteiligten sich Studenten ausnahmslos an Aktionen für den Wiederaufbau bosnischer Städte, unabhängig von ethnischen, nationalen und allen anderen Grenzen. An den Fakultäten wurden Lebensmittel, Spielzeug und Kleidung gesammelt und persönlich, oft auf eigene Kosten, in die betroffenen Orte gebracht.

Darüber hinaus wird die Bildung an unseren Universitäten immer mehr an die europäischen Standards angepasst. Durch verschiedene Austausch- und Stipendienprogramme, sowie intensive Partnerschaften mit anderen europäischen Universitäten (insbesondere mit der Julius-Maximilian-Universität Würzburg), wird unseren Studenten die Gelegenheit geboten, im Ausland zu studieren und dadurch ihre Horizonte zu erweitern. Am Lehrstuhl für Germanistik in Sarajevo wird ihnen ermöglicht, die bestmöglichen wissenschaftlichen und beruflichen Qualifikationen in diesem Bereich zu erwerben und diese auch auf dem internationalen Arbeitsmarkt einzusetzen. So lassen sich viele Parallelen in inhaltlicher und struktureller Hinsicht zwischen dem Studium an der Universität Sarajevo und der Universität in Würzburg feststellen.

Die meisten jungen Menschen können die religiöse Vielfalt wahrnehmen und wissen diese zu schätzen, weil sie darin keine Ambivalenz, sondern allgemeine und persönliche Bereicherung sehen. Meine Mitbewohnerin aus der Studienzeit in Sarajevo stammte aus einer katholisch-orthodoxen Familie, während ich in einer vorwiegend muslimischen Umgebung erzogen wurde. Durch unser langjähriges Zusammenleben haben wir viel über uns und unsere Konfessionen gelernt; es entstand ein Mikrokosmos des religiösen und kulturellen Austauschs auf der kleinsten privaten Ebene. Durch diese Erfahrung konnte ich einsehen, wie ähnlich wir sind und wie absurd all die Polemiken sind, die konfessionelle Zugehörigkeit als Hintergrund oder Rechtfertigung haben. Dies ist aber schwer zu beweisen; in einem Land, in dem die sogenannten „gemischten", interreligiösen Liebesbeziehungen oder Ehen in manchen Kreisen immer noch ein

Tabuthema oder sogar einen Grund für gesellschaftliche Stigmatisierung darstellen.

Als Student in Bosnien und überhaupt als junger Mensch, der seine akademischen und persönlichen Ziele verfolgt, ist man unausweichlich mit der Hinterlassenschaft früherer Generationen und mit einem gewissen Kriegserbe konfrontiert. Wenn sich noch dazu die Menschen wenig für Geschichte interessieren und mit geringem, einfältigem Wissen aufwachsen, lassen sie sich später leichter indoktrinieren und dogmatisch gegen die „anderen" anstiften. Der einzige Ausweg ist, auf eine gemeinsame Lösung, auf ein friedliches und tolerantes Zusammenleben, frei von Vorurteilen, hinzuarbeiten.

Klaus Beurle im Gespräch mit Paulina Hornung

Was einer deutschen Studentin auffällt...

Klaus Beurle:
Du hast dich auf Bosnien und Herzegowina, vor allem durch menschliche Begegnungen, eingelassen. Was ist dir in deinen Begegnungen mit jungen Menschen in Bosnien aufgefallen? Wie hast du dich gefühlt?

Paulina Hornung:
„Studierende begegnen sich in... Kneipen." Eine universelle Aussage, die Beschreibung einer Situation, die sich geradezu überall auf der Welt abspielen und trotzdem, oder genau deshalb so besonders sein kann. In Würzburg, Jena, Dresden, Verona, Zagreb, Bukarest, Banja Luka, Sarajevo begegnete ich sehr herzlichen Menschen. Der Pub ist bis auf den letzten Tisch gerappelt voll; einen ausgelassenen Abend kann man schließlich auch mal unter der Woche genießen. Wir bestellen Bier, womit auch schon das nächste Gesprächsthema steht. Man könnte die Information, dass sich die Brauereien in Bosnien an einer Hand abzählen lassen, fast als Entschuldigung interpretieren. - In Deutschland, da gibt es gutes Bier. Das muss schon paradiesisch sein...- Ist es auch, wenn quasi jedes Dorf eine Brauerei hat. Uns schmeckt das „Pivo"! (Karlovačko aus Kroatien oder Heinecken, was es wahrscheinlich überall auf der Welt gibt, sind vielen eine willkommene Alternative). In der Kneipe lief bosnische oder kroatische Musik. Das kann ich weder

unterscheiden, noch irgendetwas vom Songtext verstehen. Umso schöner, dass alle in der Kneipe lautstark mitsingen! Später am Abend kamen englische und amerikanische Songs, was mir am nächsten Tag Heiserkeit bescherte. Die Stimmung steigt weiter; wir tanzen! Wir lernten uns erst an diesem Abend kennen, verstehen uns sehr gut und fühlen uns wohl zusammen. Es ist etwas besonders Schönes sich so unvoreingenommen aufeinander einzulassen! Bier wird immer für die ganze Runde nachbestellt, wobei stets ein Zettelchen in das mittlerweile nicht mehr leere Glas in der Mitte des Tischs wandert; denn am Ende wird alles zusammen gezahlt (für jeden Gast einzeln auseinander rechnen wäre viel zu umständlich). Wenn eine/r ganz besonders gut drauf oder ausnahmsweise gut bei Kasse ist (was bei Studierenden allgemein äußerst selten der Fall ist) zahlt er bzw. sie den ganzen Abend. Ansonsten legt jede/r ein paar KM auf den Tisch bis die Gesamtsumme stimmt. An dieser Stelle sollte unbedingt erwähnt werden, dass mysteriöserweise immer schon bezahlt war bis wir unsere Geldbeutel zur Hand hatten. Gäste werden eingeladen! Die Chance uns an einem der folgenden Abende zu revanchieren, blieb uns übrigens verwehrt. Das nenn´ ich Gastfreundschaft!

Klaus Beurle:
Du studierst inzwischen Geographie an der Universität in Jena. Hast du Einblicke in das Bildungs- und Universitätswesen Bosnien-Herzegowinas erhalten? Siehst du große Unterschiede zu deinen Studienbedingungen

und -erfahrungen in Jena?

Paulina Hornung:
In Sarajevo lernte ich vor allem Germanistik Studierende kennen, die mehr über die Phonetik der deutschen Sprache wissen als ich als Muttersprachlerin. Da ich selbst nur einige Tage in Bosnien war und dort eben nicht studierte, kann ich leider kaum etwas über deren Bildungs- und Universitätswesen sagen.

Klaus Beurle:
Worin liegen primäre Hoffnungen und Zielvorstellungen bosnischer Studierender?

Paulina Hornung:
Frag´ sie doch selbst! Darauf gibt dir jede/ r eine andere Antwort. Meiner Meinung nach ist das eine sehr persönliche individuelle Angelegenheit, die sich definitiv nicht verallgemeinern lässt oder auf einen gemeinsamen Nenner heruntergebrochen ganz simpel klingt: Ich wünsche mir in Frieden mit und in meinem Umfeld zu leben. Diejenigen, mit denen ich und dasjenige, wovon ich lebe, zu lieben. Zu lachen. Eine sinnvolle Aufgabe zu haben. Mich selbst zu verwirklichen und mir bzw. in Zukunft meiner Familie ein gutes Leben zu ermöglichen.

Klaus Beurle:
Können sich bosnische und deutsche Studierende gegenseitig etwas geben, gegenseitig ermutigen oder ergänzen?

Paulina Hornung:

Na klar! Das kann doch jeder gegenseitig! Sich kennenlernen und Freundschaften knüpfen ist immer gut. Jeder
Mensch hat unterschiedliche Erfahrungen und Fähigkei-
ten. Einerseits sind Freundschaften auf persönlicher
menschlicher Ebene eine Bereicherung, andererseits werden sich diese eventuell früher oder später auch auf die
politische bzw. NGO-Ebene auswirken, um gemeinsame
Sache bezüglich globaler bzw. nationalstaatenübergrei-
fender Themen zu machen. Sei es die EU-Erweiterung,
Migration, Flucht, Klimapolitik oder die Frage nach Nationalismus. Wirtschaftliche Verknüpfungen spielen zudem
eine große Rolle. Wissenschaftlicher Austausch ist auch
eine spannende Sache. Gemeinsame Forschungsprojekte
leisten, abgesehen vom wissenschaftlichen, einen Beitrag
zur interkulturellen Verständigung.

Vielleicht nehmen einige Deutschland und Bosnien und
Herzegowina als räumlich komplett getrennte Staaten
wahr. Dabei leben Bosnier schon lange in Deutschland
und stellen damit eine Verbindung zwischen beiden
Staaten her. Auch gibt es Programme für Studierende im
jeweils anderen Land einige Semester zu studieren, z.B.
Erasmus+, verschiedenste Stipendien, Goethe-Institut.
Das ist allerdings noch ausbaufähig.

Klaus Beurle:

Wie stehen bosnische Studierende, die du kennengelernt
hast, zu ihrer Kultur, zu ihren Familien, zu ihrer Religion?

Paulina Hornung:

Für viele ist die Familie sehr wichtig, weshalb ein starker Zusammenhalt untereinander herrscht. Meine Logik dazu ist: Wenn man sich nicht auf das öffentliche System verlassen kann bzw. davon kaum Hilfe erfährt und auf sich alleine gestellt ist, muss man sich eben untereinander helfen. Da es in Bosnien nur in wenigen Städten Universitäten gibt, wohnen viele Studierende während des Semesters weit weg von ihren Familien. Wahrscheinlich ist die räumliche Entfernung zwischen den Universitätsstädten nicht übermäßig groß, aber die Fahrtzeit einige Stunden. Mit der Kalkulation von einer Stunde pro 100 km braucht man im bergigen Bosnien gar nicht erst anzufangen.

Die Kultur in Bosnien finde ich besonders spannend. Es gibt viele tief in der Vergangenheit verwurzelte Traditionen. Gleichzeitig schreibt man auch in Bosnien heute das Jahr 2015 bzw. bald 2016. Von Mode in allen möglichen Stilen über Fastfood, Technik, Fußball, internationale Pressenachrichten bis zu Filmen und Musik ist vieles verfügbar. Auch wenn es nicht in Bosnien selbst produziert wird, besteht Zugang über das Internet.

Unterschiede bezüglich der Ethnie oder Religion sind meiner Erfahrung nach weniger relevant unter jungen Leuten. Mögliche Gründe dafür könnten der „globalisierte Lebensstil" junger Menschen sein oder die simple Tatsache, dass man um zu studieren in eine neue Stadt ziehen muss, auf sich gestellt ist, neue Leute kennenlernt und somit einfach mal raus aus „seinem Dorf" kommt. Daher habe ich Hoffnung, dass mit der Zeit ungleiche

Bedingungen für Menschen unterschiedlicher religiöser oder ethnischer Zugehörigkeit, die es momentan definitiv noch in Bosnien gibt, zu einem fairen Miteinander werden.

Eine für mich einschneidende Erfahrung war, als mir junge Menschen in meinem Alter vom Krieg erzählten. Ich war es aus Deutschland gewohnt von der Generation meiner Großeltern zu hören, was damals an dem Ort passierte, an dem wir uns gerade befinden. Jemandem aus dem eigenen Freundeskreis dabei in die Augen zu sehen, ist ziemlich krass und bedrückend. In Deutschland hörte ich auch von einigen Freunden von Kriegs- und Terrorerfahrungen aus dem Irak, Syrien etc., was genauso schrecklich ist. Jedoch ist es ein anderes Gefühl, wenn man direkt an dem Ort steht, an welchem vor ca. 20 Jahren Krieg herrschte.

Einerseits war das erst vor 20 Jahren und die Erfahrungen bleiben den Menschen ein ganzes Leben, andererseits ist es auch schon 20 Jahre her. Viele junge Leute haben den Krieg nicht miterlebt, für sie ist er Geschichte, die allerdings noch häufig zum Vorschein tritt. Nichtsdestotrotz lohnt es sich darauf zu schauen, was heute relevant ist. Es gibt ganz aktuelle Themen, Probleme und Chancen, die in Angriff genommen werden möchten. Ein wesentliches Problem liegt hier in der politischen Konstellation. Die wenigsten Menschen haben Interesse an dem destruktiven Handeln der politischen Akteure.

Dennoch: Wir sind eine neue Generation, die hoffnungsvoll und optimistisch nach einer Perspektive für die Zukunft sucht.

Klaus Beurle:
Die „Freunde Bosniens" versuchen, einen Schüleraus-
tausch zwischen einer bosnischen und einer deutschen
Schule in Gang zu bringen. Was hältst du davon?

Paulina Hornung:
Die Idee finde ich großartig! Sich gegenseitig kennenzulernen und aufeinander einzulassen, ist eine starke Möglichkeit und die Voraussetzung dafür, konstruktiv, sinn-
voll und lösungsorientiert zusammenzuarbeiten. Das
wird je nach Alter der Schüler/innen und je nach
Sprachkenntnissen sicherlich aufregend. Für die Umsetzung dieses Vorhabens wünsche ich euch viel Spaß, nette
Leute, gute Kontakte, Ausdauer und vor allem gutes Gelingen!

Muhamed Bascelic

Der bosnische Islam – ein Modell für Europa

Der Islam ist seit dem 15. Jahrhundert mit der Integration Bosnien-Herzegowinas[1] in das Osmanische Reich eingegliedert und ein Bestandteil des bosnischen Mosaiks. Bosnien war schon immer ein Land verschiedener monotheistischer Religionen (Katholizismus, Orthodoxie, Islam, Judentum).[2] Auch wenn der Islam nun seit Jahrhunderten ein integraler Bestandteil Bosniens ist, so waren die Muslime nie die absolute Mehrheit.[3] Die Resultate der Volkszählung von 2013 sind noch nicht veröffentlicht, so dass Schätzungen sagen, dass von etwa 4,5 Millionen Staatsbürgern heute etwa 2 Millionen Muslime in Bosnien-Herzegowina leben, die sich Bosniaken nennen. Die Bosniaken sind autochthone europäische Muslime, die nicht nur geographisch, sondern auch historisch und kulturell zu Europa gehören.

Der Islam in Bosnien wurzelt in der sunnitischen Tradition, Hanefitischen Rechtsschule und Maturidi Theologie, wobei diverse Sufi Orden einer mystischen Interpretation des Islam nachgehen.[4] Die islamische Reformation für die Wiederbelebung des islamischen Denkens ist ein wichtiger Bestandteil der bosniakisch-muslimischen Identität. Mit dem Beschluss des Berliner Kongresses 1878 wird Bosnien-Herzegowina Österreich-Ungarn zugeteilt, was geradezu ein „Schock" für die Muslime darstellte, denn sie haben seit Jahrhunderten im dominant muslimischen Osmanischen Reich gelebt. Die Bevölkerung und das Land gehörten nun für 40 Jahre (1878-1918) zu Mitteleuropa, was auch die Deutung, Praxis und Lehre des Islam beeinflusst hat. So sind die Bosniaken dem Modernisierungsprojekt der Österreichisch-Ungarischen Monarchie ausgesetzt sowie einem neuen politischen, gesellschaftlichen und wirtschaftlichen System, werden damit vollends europäisiert und lernen als Minderheit zu leben. Die Auseinandersetzung mit neuen politischen, wirtschaftlichen, gesellschaftlichen und kulturellen Systemen setzt sich mit den darauffolgenden jugoslawischen Staaten (1918-1992) fort. Seitdem stellten sich Muslime die Kernfrage „Wie kann man als Muslime die islamische Identität bewahren in einem dominant christlichen Land?", welches die Religion des Islam in Bezug zur europäischen Kultur stellt. Das erforderte von religiösen Gelehrten bzw. Theologen neue Antworten auf neue Lebensumstände zu liefern, was auch geschah. Progressive Modernisten oder Reformisten, wie zum Beispiel Mehmed Teufik Azabagić, Mehmed beg Kapetanović Ljubušak, Mehmed Džemaludin Čaušević, Husein Đozo u.a., geleitet von der Maturidi Theologie, die sehr viel Wert legt auf die Ratio, benutzten ihren Verstand, erkannten aktuelle Herausforderungen der Muslime und passten die Interpretation des Islam den Lebensumständen an. Da seit dem Ende des Ersten Weltkrieges mit der Gründung des Königreiches der Serben, Kroaten und Slowenen, welches später in das Königreich Jugoslawien umbenannt wurde, und im sozialistischen Jugoslawien, die Bosniaken als Volk nicht anerkannt waren, wobei das Eigentum der Islamischen Gemeinschaft größtenteils verstaatlicht wurde, hat die reformistische Tradition des islamischen Denkens für die Identität und das Überleben der Bosniaken beigetragen. Dadurch haben Gelehrte eine Denkschule entwickelt, gegründet auf den Quellen des Islam (Kur'an und Suna), wie Muslime ohne ihre islamische Identität aufgeben zu müssen, in verschiedenen Staatssystemen leben können. Eben diese Erfahrung, sich in verschiedenen säkularen Staatssystemen zurechtgefunden zu haben, und weiterhin die muslimische Identität beibehalten zu haben, zeugt von einer Diversitätsverträglichkeit und Adaptationsfähigkeit. Eine weitere historische Erfahrung, die dazu beiträgt, dass der Islam in Bosnien ein Modell für Europa ist, ist die Institutionalisierung des Islam durch die Islamische Gemeinschaft (*Islamska zajednica u Bosni i Herzegovini*), die offizielle religiöse Organisation der Bosniaken in der Heimat Bosnien sowie im Ausland. Die Islamische Gemeinschaft wurde 1882 gegründet, ist unabhängig vom Staat sowie anderen Organisationen, finanziert sich aus eigenen Mitteln, hat ein gewähltes Oberhaupt (Obermufti, Reisu-l-ulema), eine semi-demokratisch gewählte Legislative (*Sabor*), ein Verfassungsgericht (*Ustavni sud*) welches für die verfassungskonforme Arbeit der Islamischen Gemeinschaft sorgt, und einen Verwaltungsapparat (*Rijaset*). Die Einnahmen kommen aus den Mitgliedsbeiträgen, Abgaben (*zekat, sadakatu-l-fitr*) sowie aus Stiftungen (*vakuf*). Die Islamische Gemeinschaft ist für die Moscheen zuständig, bildet Imame aus und ernennt sie, erlässt Rechtsauskünfte, ist verantwortlich für den Religionsunterricht in Moscheen und Schulen sowie für das Studium der Theologie an drei Hochschulen.[5] In einer Deklaration aus dem Jahr 2006 wird Europa als Haus des Friedens und der Sicherheit anerkannt, in dem die Muslime auf dem Prinzip eines Gesellschaftsvertrages sich zu Rechtsstaat, Demokratie, Toleranz und Menschenrechten bekennen.

Die Religionssoziologin Ina Merdjanova, die vergleichend Muslime auf dem Balkan studiert hat, sagt, dass die Islamische Gemeinschaft der Bosniaken eine Schlüsselrolle für ein positives Image des Islam auf dem Balkan spiele und dass sie ein Modell für Muslime in Europa sei.[6] Seit mehreren Jahren versucht die Islamische Gemeinschaft für die spezifischen Bedürfnisse der Muslime, nach dem Vorbild der Katholischen und Orthodoxen Kirche in Bosnien, auch einen Vertrag mit dem Staat Bosnien auszuhandeln und zu unterzeichnen.[7]

Was die Praxis des Islam anbelangt, haben Studien gezeigt, dass Bosniaken durch die Erfahrung vor allem mit dem sozialistischen Jugoslawien, in dem die Trennung von Religion und Staat ziemlich aggressiv ausgeführt wurde, gelernt haben, in einem säkularen Staat zu leben. Der Religionssoziologe Dino Abazović stellte neuerdings in einer Umfrage von 600 Bosniaken fest, dass 60% bevorzugen, dass Religion eine private Angelegenheit bleibt, während nur eine Minderheit die fünf täglichen Gebete verrichtet. Medien berichten jedoch, dass es unter den Bosniaken zu einer radikaleren Interpretation des Islam in den letzten Jahrzehnten gekommen ist. In der Tat eröffneten postkommunistische Demokratisierungsprozesse in den

1990er Jahren mit neuen Gesetzen und der Einführung der Menschenrechte den Weg für mehr Religionsfreiheit und damit eine sichtbare Manifestation der Religion. Frauen trauten sich erneut, das Kopftuch zu tragen, Religionsunterricht wurde in Schulen wieder angeboten, Moscheen waren voller, Trauungen in Moscheen wurden ausgeführt, islamische Schulen und Fakultäten wurden errichtet usw. Daher kann man sicherlich wie in anderen post-kommunistischen Gesellschaften von einer Wiederbelebung der Religion sprechen. Zudem hat der Krieg in Bosnien 1992-1995, in dem die Bosniaken als Völkermordopfer, Massenvernichtungen, Vertreibungen und Vergewaltigungen ausgesetzt waren, dazu geführt, dass die Muslime Zuflucht in der Religion gesucht haben. Da die internationale Gemeinschaft keine allzu große Entschlusskraft gezeigt hat, den Völkermord und den Krieg aufzuhalten, haben die Bosniaken Hilfe aus dem Iran, Saudi-Arabien und den Golfstaaten gesucht. So ist lebensrettende finanzielle und humanitäre Hilfe in das vom Krieg zerstörte Bosnien gekommen aus Ost und West.[8] Islamische Hilfsorganisationen haben auch islamische Literatur distribuiert, worin eine neues Islamverständnis importiert wurde, wie der Islam praktiziert werden sollte, und wie man zu einem „richtigen" Muslim wird. Die Muslime in Bosnien waren für diese zu unreligiös. Stipendien für Studien in Kairo, Medina, Damaskus und Amman haben Graduierte ausgebildet, die teilweise bei ihrer Heimkehr auch ein neues Islamverständnis mit sich brachten. Dominant muslimische Länder (Türkei, Saudi Arabien, Katar) haben beim Wiederaufbau von der zerstörten islamischen Architektur deutlich beigetragen, und noch heute sind verschiedene Organisationen in Form von Kulturzentren präsent, die Sprachkurse u. ä. anbieten. Auch Globalisierungsprozesse und Internetforen haben zu einer leichteren und schnellen Verbreitung von verschiedenen Rechtsschulen im Islam beigetragen. Nichtsdestotrotz bleibt die Rezeption von einer extremen Interpretation des Islam in Bosnien minimal, denn wie Evan Kohlman und Juan Carlos Antunez festgestellt haben, sind die Bosniaken weder offen für neue Deutungen des Islam noch für neue Religionen, sondern eher für eine zivile, gewaltfreie und friedliche islamische Lebensweise: *"The main obstacle to the spread of radical Islam in Bosnia is not NATO or the European Union or any other international organisation, but the Muslims of this country. ...Bosnian Muslims are not a threat for Europe, they are an opportunity."*[9] Ihre Beziehung zur muslimischen Welt ist lediglich emotional. Das Zugehörigkeitsgefühl zu Europa oder dem Westen und der muslimischen Welt schließt sich in der heutigen Zeit nicht aus, da im Laufe der Globalisierungs- und Modernisierungsprozesse der Westen in der muslimischen Welt zu finden ist, sowie der Islam im Westen. Neuerdings (4. Dezember 2015) hat der Großmufti Kavazovic die einflussreichsten Bosniaken in Sarajevo versammelt, um eine gemeinsame Deklaration gegen gewalttätigen Extremismus, gegen den Missbrauch von Religion, und für das Affirmieren der Jahrhunderte alten islamischen Tradition der Bosniaken verfassen.

Damit lässt sich zusammenfassen, dass die Bosniaken

durch die Geschichte hinweg gelernt haben, mit anderen Religionen zusammenzuleben, in einem säkularen Staat und als Minderheit die islamische Identität beizubehalten, sich verschiedenen Staatssystemen anzupassen, sowie europäische Werte wie Menschenrechte und Demokratie anzunehmen.

Endnoten

1 Einfachheitshalber wird im folgenden Text Bosnien statt Bosnien-Herzegowina verwendet.

2 Daher auch die Bezeichnung, dass Sarajevo Europas Jerusalem ist, denn im Umkreis von 500 Metern stehen Jahrhunderte alte Gebetshäuser der vier monotheistischen Religionen: Die katholische Kathedrale, die Alte Orthodoxe Kirche, die Gazi Husrevbeg Moschee und eine Synagoge.

3 Nachdem Österreich-Ungarn 1878 Bosnien von den Osmanen übernommen hat, wurde ein Jahr später 1879 eine Volkszählung durchgeführt, worin die Mehrheit mit 43% die Orthodoxen waren, die Muslime machten 39% aus, während die Katholiken mit 18% und Juden 0,3% in der Bevölkerung vertreten waren.

4 Das lehnt sich an die mehr als vier Jahrhunderte lange Zugehörigkeit zur osmanischen kulturellen Zone an.

5 In Bosnien wird Religionsunterricht in Grund- und Mittelschulen angeboten. Es gibt auch 6 islamische Gymnasien (*medresa*) sowie drei Hochschulen (Fakultät für Islamwissenschaften in Sarajevo, Islamische Pädagogische Hochschule in Zenia und Bihać).

6 Ina Merdjanova, „Whither European Islam? Muslims in the Balkans and in Western Europe Compared", S. 38-39, file:///C:/Users/dzsusko/Downloads/Whither_European_Islam_Muslims_in_the_Ba.pdf (15. Dezember 2015).

7 Dzevada Susko, „The Relationship of the Islamic Community and the State of Bosnia and Herzegowina: Recent negotiations for an agreement to facilitate freedom of religion for Muslims", Vortrag an der IIIT Sommerschule „Constitutions and Pluralism in Muslim States and Societies", 8.-13. Juni 2015, in Herndon, USA. In diesem Vortrag geht es darum, den Muslimen gemäß der Europäischen Konvention für Menschenrechte, die in der Verfassung Bosniens verankert ist und

dem bosnischen Gesetz für Religionsfreiheit, welches das Prinzip der Gleichberechtigung beinhaltet, Rechte zu gewähren, wie zum Beispiel am Arbeitsplatz die obligatorischen Gebete zu verrichten, freitags die Pause für das obligatorische Freitagsgebet zu nutzen, einmal Urlaub nehmen zu dürfen für die Pilgerfahrt nach Mekka usw.

8 Es ist zu betonen, dass sehr viel Hilfe auch aus nicht-muslimischen Ländern in Bosnien eingetroffen ist. Zahlreiche humanitäre Organisationen aus Westeuropa haben außerordentliche Hilfe geleistet. Die meisten westeuropäischen Länder, allen voran Deutschland, aber auch Österreich, Schweden, Dänemark, Norwegen und die Niederlande haben Flüchtlinge aus Bosnien angenommen.

9 http://www.balkaninsight.com/en/article/bosnian-muslims-threat-or-opportunity. Beispielsweise gab es trotz Völkermord keine massive Rachetaten an Serben und Kroaten, sondern man ging eher den gerichtlichen Weg, Kriegsverbrecher anzuklagen.

Klaus Beurle

Buchtipp: Mirveta Mrkalj-Durben „Mama, hier gibt es Licht"

Niemand kennt sie, ihr Name ist kaum aussprechbar, ihr Schicksal ist dramatisch. Plötzlich trat Mirveta Mrkalj-Durben an die Öffentlichkeit. Auf der Frankfurter Buchmesse 2014 stellte sie ihr Buch vor: Mama, hier gibt es Licht. Sie löste Betroffenheit und Entsetzen aus. Seither wird sie eingeladen, im Fernsehen, in Schulen, in Pfarrgemeinden zu sprechen. Bei ihrem Auftritt in Würzburg befand sich auch eine bosnische Familie aus ihrer Heimat unter den Zuhörern, es flossen Tränen. Die Familie stammt wie Mirveta aus Prijedor.

Mirveta Mrkalj-Durben wurde 1964 in Bišćani bei Prijedor/Bosnien-Herzegowina geboren. Dort ist sie aufgewachsen. Im Sommer 1992 wurden ihr Ehemann und fast hundert Angehörige ihrer Familie ermordet. Mirveta hat die Massaker des Bosnienkriegs (1992-1995) überlebt –„ wie ein Wunder." Sie konnte vor den Mördern fliehen und fand in Wehr, einer kleinen Gemeinde in Rheinland-Pfalz, Zuflucht. Deutschland ist ihre Heimat geworden.

„Schaut nicht weg, kümmert euch um die, die Hilfe brauchen, denn sie verlassen ihr Heimatland nicht freiwillig. Krieg und Elend können jeden treffen. Hinter den Millionen Flüchtlingen stehen lauter Einzelschicksale," appellierte sie an Gymnasial-Schüler/innen in Nonnenwerth. 22 Jahre lang konnte sie über ihre grauenvollen Erfahrungen

nicht reden. Eines Tages begann sie heimlich, ihre Tage-
buchaufzeichnungen aus dem Krieg zusammenzustellen,
um sie zu veröffentlichen. Ihrem heutigen Ehemann und
ihren beiden Kindern konnte sie nicht sagen, was sie bei
Nacht beschäftigte - bis das Buch fertig vorlag: Mama,
hier gibt es Licht (355 S., Bosanska Riječ-Bosnisches
Wort, Tuzla-Wuppertal 2014). Sie fuhr zur Frankfurter
Buchmesse und bot ihr Buch an. Die deutsche Ausgabe
war sofort vergriffen.

Mrkalj-Durben hat ihre Schrecken und Ängste niederge-
schrieben – ihre tiefe Angst vor den serbischen Milizen.
„Nach fünf grauenvollen Tagen verließ ich im Morgengrauen unser Haus. Die Straßen, Gärten und Spielplätze
waren bedeckt mit Leichen. Ich suchte unter den schon
verwesenden Toten meine Angehörigen. Über meinen
brutal ermordeten Mann breitete ich ein weißes Bett-
tuch und flüchtete mit meinen beiden kleinen Kindern
vor dem drohenden Tod.“

Über die Grausamkeiten, denen Bosniaken 1992 in Prijedor und Umgebung ausgesetzt waren, wurde in der
Öffentlichkeit kaum gesprochen. Völkermord – nicht
nur in Srebrenica, sondern auch im serbisch dominier-
ten Bišćani und Prijedor. Prijedor liegt etwa 300 km von
Srebrenica entfernt und liegt in der Republika Srpska,
der nach Kriegsende errichteten Teilrepublik Bosnien-
Herzegowinas. Dort gibt es bis heute keine Gedenkstätte
für die muslimischen Opfer. Mirveta listet in ihrem
Buch detailliert die Namen von 258 Toten aus Bišćani
auf, deren Überreste immer noch nicht gefunden wurden. 3176 Menschen wurden in Prijedor ermordet.

Mrkalj-Durben spricht im Fernsehen (SWR), in Schulen und Kirchengemeinden. „Obwohl ich mir versprochen hatte, nie wieder zurückzukehren, kam ich zehn Jahre später zurück an den Ort des Geschehens. Schmerzgeplagt, aber aus Liebe zu denen, die nicht mehr da waren, stellte ich mich aus freiem Willen der Vergangenheit." Mirveta hat keine Hassgefühle, keine Rachegedanken. Sie sehnt sich nach einem befriedeten Bosnien-Herzegowina, in dem es keinen ethnischen Rassismus mehr gibt. Doch muss erst die Wahrheit ans Licht kommen. „Solange die Wahrheit geleugnet wird, gibt es keine Versöhnung, keinen Frieden. Der Weg dorthin ist noch weit. Immer noch bewegen sich Menschen, die andere massakriert haben, unbehelligt im Land."

Schülern/innen in Hanau erläuterte Mirveta, dass bis heute Kinder und Jugendliche gegen andere ethnische Volksgemeinschaften aufgehetzt werden. „Wenn Eltern sagen, Bosniaken oder Serben oder Kroaten sind böse Menschen, glauben es die Kinder. Wenn einem Kind aber Liebe zu allen Mitmenschen in die Wiege gelegt wird, wird es kein Mörder werden. Wenn Jugendliche reif werden, denken manche über das nach, wie über andere Menschen geredet wird. Es gibt heute in Bosnien-Herzegowina junge Menschen, die andere nicht nach ihrer Ethnie, nicht nach Rasse und Religion fragen, sondern als gleichwertige Menschen betrachten und sie allein nach ihrem Reden und Denken beurteilen."

Mirveta hofft darauf, dass die Wahrheit ans Licht kommen wird. Durch Erhebungen und Forschungen mit internationaler Unterstützung werden die Spuren der Ermordeten gefunden werden. Dem Internationalen Kriegsgerichtshof in Den Haag werden nach und nach die Verantwortlichen der Massaker, die einen Völkermord anstrebten, bekannt werden.

Mirveta Mrkalj-Durben ist Mitglied der Internationalen Gesellschaft für Menschenrechte. Sie bekämpft ethnischen Nationalismus. „Nicht nur meine grausamen Kriegserlebnisse in Bosnien des Jahres 1992 sind meine Inspiration für dieses Buch, sondern auch der Widerstand gegen die Kriege dieser Welt. Ich möchte mit der Wahrheit konfrontieren und gegen Völkermord und Nationalismus mitten in Europa kämpfen, denn unser Kontinent ist noch nicht frei von einem tief verankerten Nationalismus"(Seite 4).

Von Ost bis West
Bosnisches Klagelied

Von Ost bis West
überall wo man den Gebetsruf hört
töten sie Deine Vogelschwärme
Deine Lerchen und deine Nachtigallen!

Unser Dorf schweigt still,
der Himmel ist traurig,
aber je mehr wir bluten
umso stärker suchen wir
nach der Liebe zu Dir.
Immer lauter rufen wir
die ganze Nacht bis zum Morgengrauen!

In diesem Moment während du noch schläfst
schlachten sie den Hals eines Vogels!
Sie töten grundlos
seine Schwestern und Brüder!

In diesem Moment während du noch schläfst
fallen die Nester von den Schornsteinen!
Heute Nacht gefrieren grundlos
die Äugelein eines Vögelchens

In diesem Moment während du noch schläfst
ist ein neuer Schwarm auf dem Weg,
wir umarmen uns und schauen
wer von uns morgen schon
nicht mehr bei uns sein wird?

Od Mašrika do Magriba

Od mašrika do magriba,
svuda gdje se ezan čuje,
ubijaju jata Tvoja,
Tvoje ševe i slavuje!

Naše selo umuklo je,
pa nebesa tužna stoje ...
Al' što više krvarimo,
sve više Te mi volimo.
Sve glasnije mi kličemo i u zori
osvićemo!

Ovog časa, dok ti spavaš,
kolju grlo jedne ptice!
Ubijaju - ni zbog čega -
njeznu braću i sestrice!

Ovog casa; dok ti spavaš,
na odžaku gnijezda pale!
Noćas mrznu - ni zbog čega!
mrtve oči ptič'je male.

Ovog časa, dok ti spavaš,
novo jato na put kreće;
grlimo se i gledamo:
koga sutra biti neće?!

Johanna Falk

Muslime und Christen
Gedenken im öffentlichen Raum

Das Jahr 2015 brachte eine große Herausforderung für
die junge Würzburger bosnisch-deutsche Freundschaft
mit sich. Wenn wir uns in der Moschee trafen, tauchte
immer wieder die Frage auf: Wie wollen wir den 20.
Jahrestag nach Srebrenica am 11. Juli begehen?
Allein das Wort Srebrenica löste heftige Diskussionen
über die heutigen Kriege in der Ukraine und in Syrien
aus. Plötzlich waren alle Wunden offen: Wieder ist
Krieg! Unrecht und Gewalt scheinen kein Ende zu nehmen. Wut steigt auf, dass sich nichts ändert.
20 Jahre nach dem Bosnienkrieg und dem Völkermord
von Srebrenica sind die Bosniaken über den ganzen Erd-
ball verteilt. Alle Überlebenden haben ihre eigene, oft
schreckliche Familiengeschichte. Wie kann man da in
Würzburg gedenken? Klar war, dass die bosnische Moscheegemeinde, ein Gebet in ihren Räumen halten wollte,
aber wie konnten wir als christliche Freunde unsere Anteil-
nahme ausdrücken, eine Botschaft an die Öffentlichkeit
senden, dass wir in Würzburg ebenfalls betroffen von den
vergangenen Erlebnissen unserer Mitbürger sind, auch
wenn diese weit weg von hier geschehen sind ?

In Würzburg gibt es einen Ort zum Erinnern, das „Denkmal der Versöhnung" am Wilhelm-Schwinn-Platz. Dort
liegen, in den Boden eingesenkt, Mosaiktafeln mit dem

Wort Versöhnung in vielen Sprachen. Es ist ein Platz der Mahnung zum Frieden, ein zu Stein gewordener Weg der Versöhnung. Hier findet man die Bodentafel mit der Aufschrift: "Religionen in Würzburg für Versöhnung". Würzburger Religionsvertreter, Juden, Christen, Muslime und Bahai hatten sie gemeinsam eingelegt.

Der Vorschlag, am 11. Juli 2015 dorthin einen Gedenkweg zu gehen fand breite Zustimmung. Die Hoffnung auf Versöhnung sollte betont werden, denn in Bosnien ist noch keine wirkliche Versöhnung in Sicht. Zu viel ist geschehen und zu gering ist bis heute die Bereitschaft, sich der Vergangenheit zu stellen. Aber „Hoffnung auf Versöhnung", auf ein friedliches Miteinander der Ethnien und Religionen im Land Bosnien-Herzegowina, diese Hoffnung sollte nicht aus dem Blickfeld geraten, genauso wenig wie der Wunsch eines gelungenen Miteinanders im Würzburger Stadtteil Zellerau.

So beschlossen wir, Muslime und Christen, uns gemeinsam auf den Weg zu machen, von der Zellerauer Moschee bis in die Innenstadt zum „Platz der Versöhnung" vor der Evang.-Luth. Dekanatskirche St. Stephan. Nach einem Gebet schlossen sich etwa 200 Menschen dem einstündigen Marsch an, bosnische Muslime aus ganz Unterfranken, und auch Freunde und Nachbarn aus Würzburg und Umgebung.

Mit diesem Weg der Begegnung und dem Innehalten am Denkmal vor den blumengeschmückten, vielsprachigen Mosaiktafeln wurde das Gedenken an die dunkelsten

Stunden der Bosnier Teil der Würzburger Erinnerungs-
kultur, im öffentlichen Raum, fernab der Heimat, im
Ramadan. Eine neue Brücke zueinander war gebaut.

Diese positive Erfahrung, die verstärkte Wahrnehmung
der bosnischen Gemeinde im öffentlichen Leben, hat
den Grundstein gelegt, die Initiative zur Verständigung
und Versöhnung weiter zu entwickeln. Entsetzt von den
Terroranschlägen in Frankreich und Belgien und radika-
lem Islamismus setzen wir auf ein Gegenprogramm:
Nicht Ausgrenzung oder Ausschluss sollen unser Handeln bestimmen, sondern ein Miteinander, das den so-
zialen, religiösen und kulturellen Hintergrund des anderen ernst nimmt. Dass das vor Ort möglich ist, zeigt sich
daran, dass Christen und bosnische Muslime in Würzburg in der kurzen Zeit seit 2012 durch ihren positiven
Willen zum gegenseitigen Kennen- und Verstehenlernen
schon viel gemeinsam erlebt haben:

Das Kennenlernen und das JA, miteinander ein „Versöhnungsjahr 2013/14" zu gestalten, brachte uns in engeren Kontakt.

2013 zog die Versöhnungsstatue in die Moschee ein und der ganze Stadtteil Zellerau kam in Bewegung.

2014 organisierten Pfarrer Dr. Beurle und Imam Durakovic die in diesem Buch ausführlich geschilderte Reise nach Bosnien. An den Gebeten der Religionen für Versöhnung und Frieden, veranstaltet im Vogel Convention Center, Zellerau, wirkten viele Würzburger Religionsvertreter mit, die sich aus dem Interreligiösen Gesprächskreis kennen. 2015 entstand die Buchidee mit all den vorliegenden Beiträgen.

2016 beteiligen sich nun das Bosnische Kulturzentrum, die Nagelkreuzinitiative mit der Stadt Würzburg und die „Freunde Bosniens" gemeinsam am Bundesprojekt „Demokratie leben!-Aktiv gegen Rechtsextremismus, Gewalt und Menschenfeindlichkeit". Durch die Teilnahme an diesem Projekt sollen, in Zeiten von Islamfeindlichkeit und gegenseitiger Abschottung, wieder öffentlich Zeichen für Frieden und Versöhnung gesetzt werden. Die geplanten Veranstaltungen dienen der Stärkung des Miteinanders, der interreligiösen Toleranz und dem demokratischen Verständnis in Respekt und Anerkennung in Würzburg. Zum Beispiel soll das „Denkmal der Versöhnung" am Würzburger Wilhelm-Schwinn-Platz um eine neue Mosaik-Tafel für Frieden und Versöhnung der Religionen und Ethnien in Bosnien-Herzegowina erweitert werden. Zur Tafellegung sind Vertreter der Stadt, der christlichen Kirchen sowie des Zentralrats der Muslime und kulturell Interessierte aus Bosnien eingeladen. Weitere Veranstaltungen, ein nachbarschaftliches Kulturfest, ein Vortragsabend zur theologischen Sicht auf den muslimisch-christlichen Dialog, sowie ein multikultureller Jugendtreff sind geplant.

Der kroatische Theologe Prof. Miroslav Volf meint in seinem Buch: „Von der Ausgrenzung zur Umarmung - versöhnendes Handeln als Ausdruck christlicher Identität": „Nichtanerkennung oder Verkennung der Leiden kann den anderen in ein deformiertes Dasein einschließen. Vielleicht ist es nicht zu viel gesagt, wenn man behauptet, dass die Zukunft unserer Welt davon abhängen wird, wie wir mit Identität und Anderssein umgehen. Die Angelegenheit ist dringend. Die Ghettos und Schlachtfelder überall auf der Welt, in den Wohnzimmern, den Innenstädten oder auf den Berghängen bezeugen unbestreitbar die Wichtigkeit dieser Vermutung".
Die Frage: Wie gehen wir in aller Unterschiedlichkeit miteinander um? wird darüber entscheiden, ob Brücken der Begegnung tragfähig sind oder einstürzen. Der Versuch sie zu bauen ist jede Mühe wert.

Ausschnitt aus einem Friedensgebet am Denkmal der Versöhnung, 11. Juli 2015, Würzburg, Klaus Beurle:

„Friede sei mit allen!
Salam, Friede, Salam!

Ewiger Gott, Du allein bist heilig und allmächtig. Du hast alles geschaffen und willst, dass Friede sei auf Erden. Dein Wille ist es, dass wir Menschen in Frieden miteinander leben.

Mit Schmerzen gedenken wir heute der Opfer des Massakers von Srebrenica vor 20 Jahren. Hass und Gewalt hatten den Frieden zerstört und einen Völkermord ausgelöst. Tausende von Menschen wurden in Srebrenica und Umgebung getötet oder in die Flucht getrieben.

Wir bitten Dich, allmächtiger Gott: Vertreibe Hass und Gewalt aus unserer Mitte, bewahre das bosnische Volk und dessen Nachbarvölker vor Krieg und Zerstörung. Heile die immer noch offenen Wunden. Lass die Wahrheit unverdeckt ans Licht kommen und schaffe Gerechtigkeit und Versöhnung. Schenke dem bosnischen Volk Einheit Einmütigkeit, damit ein friedliches Miteinander jenseits trennender Grenzen möglich wird. Gib der Jugend Hoffnung, gib allen Menschen gleiche Rechte und gleiche Lebenschancen.

Lass die internationale Gemeinschaft ihre Verantwortung für Wiedergutmachung, für Gerechtigkeit und politischen Frieden wahrnehmen.

Menschen liebender Gott, schenke dem bosnischen Volk friedliche Zeiten, in denen die Menschenwürde aller geschützt wird und die Grenzen der Feindseligkeit überwunden werden.

Gib uns allen einen langen Atem, damit Freunde und Partner Bosniens dem Land helfen, es voranzubringen. Mach uns zu Werkzeugen des Friedens, damit die Orte der Verzweiflung Orte der Hoffnung werden und Orte der Gewalt sich in Orte des Friedens verwandeln.

Amen"

Hinweise auf die Autoren:

Dr. Dževada Šuško
ist 1970 in Teslić, Bosnien-Herzegowina geboren. Im Alter von vier Jahren ist sie mit ihren Eltern nach Deutschland gezogen, wo sie nach dem Abitur an den Universitäten Heidelberg, Ottawa/Kanada und Hamburg studiert und ihr Magisterdiplom in den Fächern Geschichte, Völkerkunde und Politikwissenschaft erhalten hat. Ihre Fachschwerpunkte sind Südosteuropa, autochthone europäische Muslime, insbesondere Bosniaken, muslimische Minderheiten, das Verhältnis von Staat und Religion sowie die Stellung der Frau in der bosnischen Gesellschaft. Seit 2004 lebt sie in Sarajevo und ist Dozentin für Internationale Beziehungen. Seit 2013 leitet sie das Institut für die islamische Tradition der Bosniaken (www.iitb.ba).

Zerina Rizvic
ist als Master-Studentin im Fach Germanistik an der Julius-Maximilians-Universität in Würzburg eingeschrieben. Sie absolviert ihr Studium mit einem Stipendium des Deutschen Akademischen Austauschdienstes (DAAD). Ihren Bachelor im Fach Germanistik hat sie an der Universität Sarajevo abgeschlossen.

Johanna Falk
ist in München geboren und lebt seit 1973 in Würzburg. 40 Jahre hat sie sich ehrenamtlich engagiert, vor allem in der ökumenischen Versöhnungs- und Friedensarbeit. In der Nagelkreuzgemeinschaft in Deutschland war sie 12 Jahre im Leitungskreis tätig. Unter dem Motto „Erinnerung bewahren – Versöhnung leben" wurde sie im Jahr 2001 Mitbegründerin der Ökumenischen Nagelkreuzinitiative Würzburg und des weltweit ersten „Wandernagelkreuzes".

Der Interreligiöse Dialog liegt ihr sehr am Herzen und so war es ihre Idee im Versöhnungsjahr 2013/2014 religionsübergreifend eine Versöhnungsstatue an die bosnische Moscheegemeinde im Würzburger Stadtteil Zellerau zu geben. Im November 2015 wurde Johanna Falk mit der Kulturmedaille der Stadt Würzburg geehrt.

Dr. Phil. Klaus Beurle
ist 1940 in Ludwigsburg geboren und Pfarrer. i. R.. Nach dem Studium der kath. Theologie in Tübingen und Würzburg empfing er 1965 in Rottenburg a. N. die Priesterweihe. 1975 bis 2000 war Dr. Beurle Diözesanpriester im missionarischen Dienst in Bangladesch. Nach Deutschland zurückgekehrt wurde Beurle, 70-jährig promoviert. In Bangladesch entstanden drei, in Deutschland ebenfalls drei Bücher. Das vorliegende Buch war seine Idee. Er engagiert sich in der Ökumenischen Bewegung, im Interreligiösen Dialog, solidarisiert sich mit Flüchtlingen und tritt für aktive Gewaltfreiheit ein. Seine zahlreichen Reisen führten ihn vor allem nach Asien als Brückenbauer zwischen Orient und Okzident.

Karin Knorr
ist 59 Jahre alt und Lehrerin im Ruhestand. Vom interkulturellen Frauenverein Frauenlar e.V. ist sie die Vorsitzende. Mit ihrem großen Wissen über Bosnien-Herzegowina hat sie die Reise nach Sarajevo begleitet und den anderen Reiseteilnehmern die momentane Lage im Land vermittelt. Die Begegnung mit den einzelnen Religionsgruppen (s. Reiseprogramm) und deren Ansicht über das Zusammenleben in Bosnien war ihr besonders wichtig.

Zahir Durakovic
ist in Sasevce, einem Bergdorf in Bosnien aufgewachsen. Am 16. August 1992 wurde das Dorf bombardiert und sei-

ne Familie und die Dorfgemeinschaft mussten fliehen. Als Dorfoberhaupt und Imam fiel ihm das sehr schwer, aber es gab keine andere Wahl, um das nackte Leben zu retten. Nach einer abenteuerlichen Flucht konnten er und seine Ehefrau am 6. Dezember 1992 nach Frankfurt am Main zu seiner Schwester reisen. Als in Würzburg ein Imam für die bosnische Gemeinde gesucht wurde, bewarb er sich um diese Stelle. Seit 1998 hat er unbefristeten Aufenthalt und ist ehrenamtlich als Imam tätig. Hier hat die Familie eine neue Heimat gefunden. Sein geliebtes Bosnien bleibt aber das Sehnsuchtsziel.

Paulina Hornung
studiert z.Z. Geografie in Jena. Sie arbeitet in der Studierendenvertretung und spielt in einem Orchester Jenas Geige. Die Reisegruppe hatte besten Kontakt zu ihrer jüngsten Mitreisenden, die das wunderbare und gleichzeitig schwierige Land mit seinen herzlichen Menschen kennenlernen wollte.

Dr. Muhamed Bascelic
ist 1977 in Zvornik (Bosnien) geboren. Nach dem Abitur 1997 in Tuzla absolvierte er ein Studium der Theologie und des Lehramts an der Fakultät für Islamische Wissenschaften in Sarajevo. Seit 2014 ist er Doktor der Philosophie (Islamische Theologie, Rechtsphilosophie, Religions - und Kulturrecht) mit Dissertation an der Universität Tübingen. Nach vielen Publikationen und Vorträgen vor allem über den Islam in Europa ist Herr Dr. Bascelic seit 2015 Berater der muslimischen Verbände bezüglich der Fragen Wohlfahrt und Flüchtlingshilfe und Mitglied der Deutschen Islam Konferenz 2014-2017 im Bundesministerium des Inneren in Berlin.

Bildnachweis:

Foto Seite 6: Karin Knorr
Die Brücke von Mostar, Symbol einer Verbindung zwischen unterschiedlichen „Welten". Links: Pfarrer Dr. Klaus Beurle vor dem christlichen Teil der Stadt, rechts Imam Zahir Durakovic vor dem muslimischen Teil

Foto Seite 20: Michael Stolz
Quelle der Buna bei Blagaj, eine der stärksten Karstquellen in Europa

Foto Seite 31: Helmut Falk
Die Versöhnungsstatue von Coventry

Foto Seite 32: Roland Dietsch
Überreichung der Versöhnungsstatue an Imam Zahir Durakovic auf dem Vorplatz der Kirche Heiligkreuz durch Johanna Falk

Foto Seite 33: Roland Dietsch
Blick von der Alten Mainbrücke in Würzburg auf die Festung Marienberg

Foto Seite 41: Michael Stolz
Vorderseite des Gedenkblattes, das die Reisegruppe allen Gastgebern und Gesprächspartnern als Geschenk übergab.

Foto Seite 44: Michael Stolz
An der Brücke links: Geschichtlicher Ort des Attentats von Sarajevo am 28. Juni 1914

Foto Seite 51: Wigbert Baumann
In der Gedenkstätte Potocari bei Srebrenica sind Tausende
Namen der Ermordeten in Stein eingraviert

Foto Seite 62: Michael Stolz
Brandkreuz im Franziskanerkloster in Sarajevo

Foto Seite 65: Elmar und Hilde Herold
Unsere Reisegruppe vor dem Institut für die islamische
Tradition der Bosniaken in Sarajevo mit Dr. Dzevada Susko
(schwarz-weißer Mantel) in der Mitte

Foto Seite 71: Paulina Hornung
Denkmal für die in Sarajevo getöteten Kinder im Bosnienkrieg 1992 bis 1995

Foto Seite 76: Michael Stolz
Frauen in der Stadtmitte Sarajevos

Foto Seite 83: Roland Dietsch
Schild am Eingang der bosnischen Moschee in Würzburg

Foto Seite 90: Wigbert Baumann:
Pfarrer Beurle, Vorsitzender der Jüdischen Gemeinde Jakob
Finci, Imam Durakovic (von links) in der Synagoge von
Sarajevo.

Foto Seite 101: Thomas Reuter
Die Mosaiktafel, „Religionen in Würzburg für Versöhnung",
eingelegt im Juli 2010 auf dem Wilhelm-Schwinn-Platz